統計思考入門

プロの分析スキルで
「ひらめき」をつかむ

矢野経済研究所
代表取締役社長
水越 孝

統計思考入門

プロの分析スキルで「ひらめき」をつかむ

はじめに

「統計学」がビジネスパーソンの間で注目されています。データマイニング、ビッグデータ、データサイエンティストなどの用語がビジネス誌に溢れ、統計学を扱った書籍がベストセラーになりました。

こうしたブームの原因はどこにあるのでしょうか。もちろん、先端的なビジネストレンドをかじっておきたいという心理もあるでしょう。しかし、一番大きな要因は、ビジネスパーソンが感じている、日夜更新され続ける膨大な情報からの疎外に対する恐れと、情報の山に埋もれた「ビジネスの芽」を見逃してはならないという焦燥にも似たプレッシャーではないかと思います。

その恐れやプレッシャーをはねのけるために、「膨大な情報のなかから効率よく正解を見つけ出す力をつけたい」という切実な思いがあるのではないでしょうか。

統計とは、「大量のデータのなかから、ある法則性を導き出すための技術」です。その技術を科学的に追求するのが統計学という学問です。

市場調査会社である私たちは、もっぱら統計の技術を使う側の立場にあります。私たちは日々、企業の事業活動や生活者の行動を調査し、企業のマーケティング活動や産業界に対する提言を行っています。

つまり、私たちの仕事は、データから統計的な正解を読み取ることではなく、データから読み取った「解」を起点に、企業に対して新たな行動を促すことです。いい換えれば、データが示す多様な可能性を、個々の企業の事業戦略に落とし込むことが仕事です。

私は、社員研修でよくこんなことを言います。

「多変量解析の理論や計算式を説明できなくてもいい。ただ、顧客の置かれた状況をもっともわかりやすく説明できる分析手法は何か、具体的な経営課題を解決するうえでもっとも実効性の高い示唆を得るためにはどんなアウトプットが必要か。これらの解を的確に導くための最低限の知識と、思考のプロセスを習得してほしい」

本書のテーマもここに絞り込みます。

「物事を考えるプロセスにおいて、統計の技術をどう活用するか」です。

統計をよりよく使うためには、技術に関する理解が不可欠です。ただ、多くの読者にとって統計学は決して身近な学問ではないでしょう。そこで、まずは統計の背景にある考え方やプロセスを理解することから始めてください。そして、できる限りいろいろな場面で実際に応用してみてください。

着眼点をずらしてみたり、異なるプロセスを適用したり、あるいは対象との距離を変えてみてください。視点が異なるだけで、ものの見え方がずいぶん違うことに気がつくはずです。

本書では、さまざまな実践例、具体例をあげながら、企業の活動やマーケティング戦略を導く手順に関して、統計分析の手法をあてはめて考えてみます。

ものの見方のバリエーションを増やすことは、物事の本質をとらえるための近道です。しかし、正解は一つではありません。

ビジネスの現場では、そのときどきの、それぞれの立ち位置において最良の解が要求されますが、統計的な考え方、ものの見方はそうした局面において役に立ちます。読者の皆さんが、将来考えが行き詰まったとき、立ち位置を見失ったときに、本書に書かれた考え方のパターンを活用することで突破口を開いていただきたく思います。

そして、何度もこうしたプロセスを繰り返していくなかで、何気なく見過ごしていたり、見えているはずなのに気がついていなかったりしたことが、ある日突然目の前にぱっと浮かび上がるときがあります。

そう、まさに「ひらめき」を獲得する瞬間です。

本書を通じて一人でも多くの読者に、この至福の瞬間を味わっていただきたいと思います。

最後に、データ解析を手伝ってくれた弊社の松井和之、品川郁夫、細野浩主任研究員、専門家の立場から多くの示唆を与えてくださった同志社大学の村上征勝《まさかつ》教授（統計数理研究所名誉教授）、鄭躍軍《テイヤクグン》教授に御礼申し上げるとともに、大きな情熱と粘り強さで本書の執筆を支えてくれたプレジデント社の大内祐子氏、ことぶき社の大屋紳二氏、デザインエムの山本真琴氏に感謝申し上げます。

二〇一四年三月

株式会社矢野経済研究所　代表取締役社長　水越 孝

目　次

第1章

数字で考えることのおもしろさ

仮説を検証し、気づきを導くための手順

第2章

「同じもの」のなかに違いを見つけ出す

視点を変えることでモノゴトの差異を発見する方法

第3章

「違うもの」のなかに同じところを見つける

見えない本質を浮き彫りにする方法

第4章

「全体」から「小さい全体」をつくる

母集団を正しく代表させる標本のつくり方

第5章

「事実」は「真実」と一致するか

観測されたデータを検定する方法

第6章

「迷い」から抜け出すための手法

シンプルな意思決定モデルのつくり方

第7章

数字に現れた現実にいかに対処するか

数値化できない心のなかを数値化する方法

第8章

自然公園がもたらす経済効果は？

お金で買えないものに値段をつける方法

第9章

統計的アプローチで発想するということ

モノゴトの関係性を数字を使ってとらえる手順

第1章

数字で考えることのおもしろさ

仮説を検証し、気づきを導くための手順

どうすれば、人気のショッピングセンターをつくることができるか?

人気ショッピングセンターをつくろう

私たちは日々さまざまなことを考え、悩み、感じながら暮らしています。楽しかったりつらかったり、期待したり落胆したり、希望をもったり……。

多くの場合は、そうした気持ちをいちいち人に説明する必要はありません。たとえば、「昨日は帰りの電車でちょっと考えごとをしていたので、つい一駅乗り越してしまったよ」。これで十分です。なぜ電車の中で考える必要があったのか、緊急性はあったのか、その問題の重要度はどのくらいか、結論はどうだったのかなど細かく解説しても、相手はうっとうしいだけでしょう。

ところが、ビジネスの現場ではそうはいきません。

新しい仕事を始めるときには、その根拠を立証し、周囲や上司を納得させる必要があります。「これ、なんとなくおもしろそうだし、類似商品はないみたいだからきっと売れるはず。1億円の予算をお願いしますぅ」などと言ったら即却下です。気分や感性で相手を説得することは不可能でしょう。

そこで数字です。数字で表現することで、なぜそのような判断を下したのか、判断の根拠をはっきりさせることができます。

この第1章では、思考を「数字」に置き換えながら物事を判断していくプロセスをたどってみます。数字を扱うことのおもしろさと、そこから得られるソリューションの一例を見てください。

なお本書では、数字の扱い方の理論的解説や計算方法の説明はできるだけ省き、統計的アプローチにもとづく発想のおもしろさ、そこから導かれた数字からどんな示唆が得られるのかに焦点を置きます。

また各章は、それぞれビジネスの特定の場面を設定したうえで話を進めますが、ストーリーは架空の会社や人物で構成され、数字の意味をわかりやすくするために極端に単純化されていることをご了承ください。

さっそく、第一のストーリーを始めましょう。

半田さんは、旧財閥系の大手建設・不動産会社A社に勤務し、現在、商業施設事業部でアシスタントマネジャーを務めています。

A社は同業他社に比べて商業施設事業への参入が遅れたため、半田さんの部門はその巻き返しをはかるようトップから厳命されています。そんなとき、同じ旧財閥系グループの資材メーカーが都内の生産拠点を閉鎖することになりました。これは絶好のチャンスです。Ａ社はその資材メーカーから跡地を借り受けることになりました。

そこは都市近郊のショッピングセンターとしては抜群の立地で、広さも申し分ありません。半田さんにとって勝負のしどころです。しかし、Ａ社はこれまで中規模程度の施設運営の経験しかなく、大型ショッピングセンターをつくろうにもノウハウが足りません。そこでまず半田さんは、「市場における競争優位を確立するために何をすべきか」「どうすれば、顧客満足度の高い施設をつくることができるか」について市場調査を行ってみようと考えました。

半田さんは、大学時代の先輩が大手市場調査会社に勤めていることを思い出し、相談をもちかけました。その先輩・安藤氏はただちに提案書を作成してくれただけでなく、半田さんに調査のポイントについてレクチャーしてくれました。

安藤氏の考えはこうです。「評価の高いショッピングセンターには共通の特徴がある。だから、既存のショッピングセンターに対する顧客の評価を調査して、その特徴をつかむとともに、個々の施設に対する期待度とのギャップを分析することで、顧客満足度を高めるための具体的な施策を導くことができるはずだ」。

あわせて、「ショッピングセンターに出店しているテナントが、施設の運営者であるディベロッパーをどう評価しているかを把握する必要がある。テナントの期待に応えられないようでは、ディベロッパーとして失格だ。テナント企業を対象に、ディベロッパーの評価調査も行うべきだ」。

解説すると、こういうことです。

一般の消費者がショッピングセンターを評価するときの最大のポイントは、「魅力的なテナントが入っていること」と想定できます。ディベロッパーが、魅力的なテナントをショッピングセンターに誘致するには、テナント側に高い出店意欲をもってもらう必要があります。そのため、ディベロッパーに対するテナント側の満足度も調査しておく必要があるというわけです。

テナントはディベロッパーに何を求めているのか、ディベロッパーとしてA社に足りないものは何か、強化すべき能力はどこか、ノウハウの少ないA社にとっては自社の弱みを正確に知ることは何よりも大切です。

安藤氏は、半田さんにこのようにアドバイスしたのでした。

半田さんは、念のためにほかの調査会社にも企画提案を求めていましたが、「テナント側に対してディベロッパーの評価調査をすべき」と提案したのは安藤氏だけでした。「さすが安藤さん、産業調査が得意なマーケティングリサーチ会社だけのことはある」と感心しきりです。

「どんなに立派なハコをつくっても、人気ショップにそっぽを向かれては経営が成り立たない。大切なことは、ディベロッパーとテナント企業が一体となってショップが儲かる環境づくりをすることだ」。半田さんは、あらためて自分たちのビジネスモデルの本質に気づかされました。

こうして、安藤氏の会社に調査を依頼することに決めました。

では、具体的に調査と分析のプロセスをみていきましょう。

顧客の声を数値化する方法

最初に行ったのは、「ショッピングセンターに対する消費者評価」の数値化でした（以下、ショッピングセンターをＳＣと略します）。

安藤氏はまず、全国の主要60ＳＣを対象に、それぞれの商圏に住む20～40代の女性にアンケート調査を実施して、７１８２票の有効回答を集めました。20～40代の女性を対象としたのは、この世代がＳＣの中心顧客層であることが別の調査で検証されていたからです。

アンケートでは、まず一般論として「ＳＣに期待すること」を質問し、そのうえで対象となるＳＣについての満足度を聞きました。評価対象項目は次の9項目です。

・施設のある場所、行きやすさ（立地）　・駐車場の利用しやすさ
・施設内の雰囲気　・施設全体の広さ・大きさ
・利用したい店舗が入っているかどうか　・入っている店舗数の多さ
・施設内の休憩する場所やフリースペース　・施設内のわかりやすさ
・施設内の歩きやすさ

さて、分析にあたっては、全体を大きくとらえるところから始めます。評価の基準は、消費者の年齢や住むエリアで異なるでしょうし、郊外型とターミナル型のSCでは消費者の購買行動そのものが異なるでしょう。こうした違いを想定しつつ、まずは大きく全体の傾向をとらえ、そこから類型化していきます。はじめに、顧客満足度の高いSC、あるいは低いSCに共通している要件と、個々のSCに固有の特徴を仕分けします。そして似たもの同士で類型化し、さらにそれぞれのセグメントにおける詳細な違いを発見していきます。

順を追って見ていきましょう。

①大きくとらえる

アンケート調査の結果を、**図表1－1**と**図表1－2**で表しました。

図表1－1は、消費者（20～40代の女性7182人）が9項目について3段階で評価した結果をまとめたものです。

たとえば、「施設のある場所、行きやすさ（立地）」は53・9％が「大変重視する」としています。一方、「駐車場の利用しやすさ」は38・4％が「それほど重視しない」としています（図表のnは回答者数を表しています）。

図表のこれらの数値は、調査対象60カ所のSCに対する期待値をまとめたものですから「平均値」といえます。読者のなかには「個々のSCは立地や顧客層が異なるのだから、平均値を知ってもあまり意味がないのではないか？」と思った方もいるかもしれません。

しかし、統計的なアプローチでは、調査対象となる個々のSCの特徴は常に「平均」との違いで表現されます。つまり、一つひとつのSCの特徴は「平均からの距離」という数値に置き換えられるのです。これを頭の片隅に置いておいてください。

図表1－2はSCを総合得点によってランキングしたものです。こちらは期待度に対する満足度の高さを得点化したもので、まさに「全国SC満足度ランキング」といっていいでしょう。ベスト10を並べてみましたが、玉川高島屋SC、イオンモール広島府中、二子玉川ライズSCなどの人気SCが上位に名を連ねています。

1-1 消費者がSCに期待すること（3段階評価）

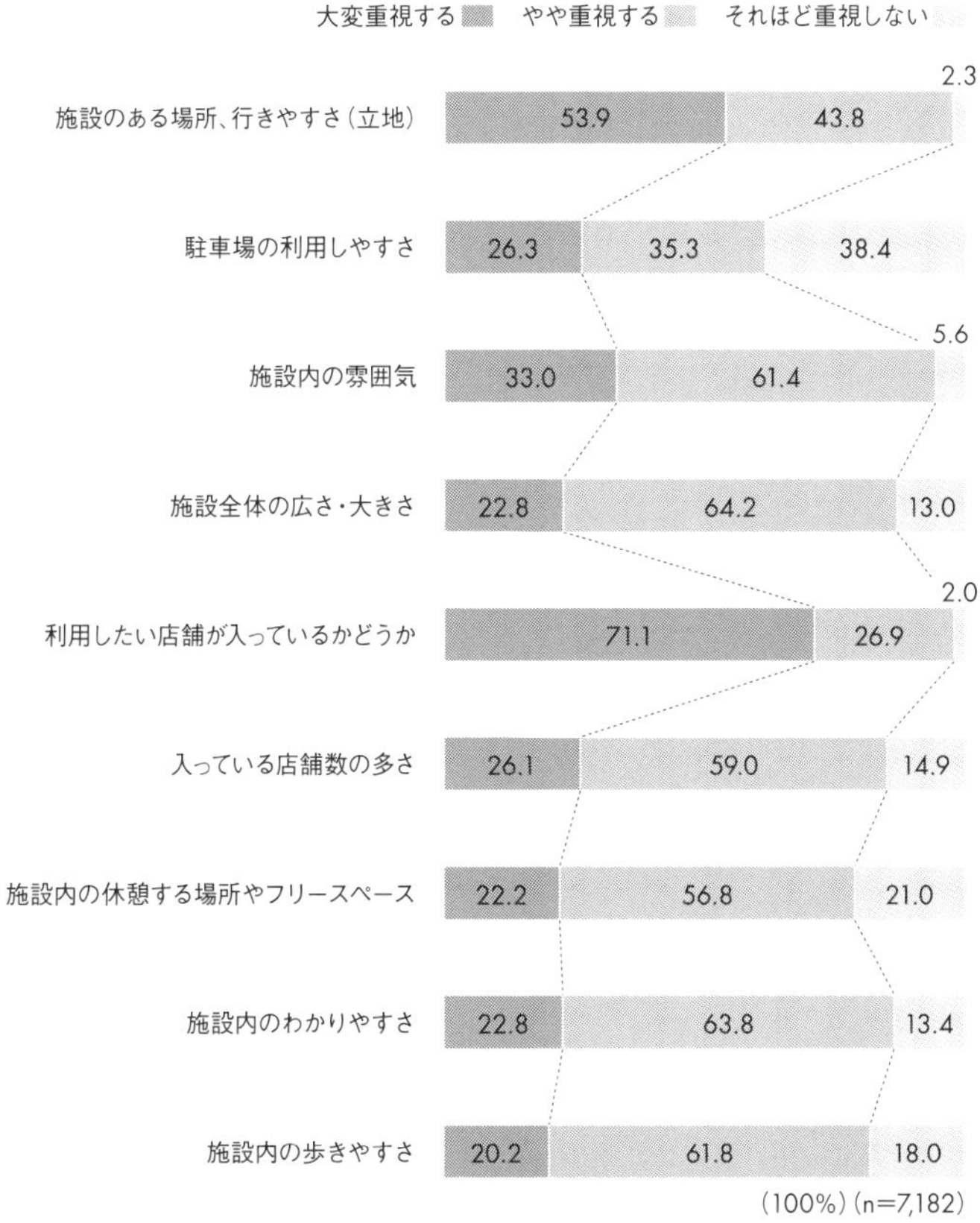

② 違いを見つける

次に、個々のSCの違いによって全体を分類していきます。

違いを見つけるのは、似たもの同士を見つけ出すことでもあります。ここでは「消費者がSCに対して期待している項目」と「それぞれの満足度を決める項目」によって、違うものと似たものを分けてみます。

図表1－3は、「主成分分析」と呼ばれる分析法にもとづくアウトプットです。主成分分析については第2章で詳しく説明しますが、ここでは「九つの評価項目を使って、総合的にSCを分類するための分析手法」と理解しておいてください。

ヨコ軸は、九つの評価項目についてもっとも多くの情報を含んでいます。ここでは「総合評価」と名づけます（以下同じ）。一方、タテ軸の「テナント魅力度」は、評価項目のうち「利用したい店舗が入っているかどうか」と「入っている店舗数の多さ」といったショップに関する評価をまとめた数値がもとになっています。

安藤氏は、消費者の評価にもとづいてSCをもっともよく分類するためには、この2軸が最適であると判断しました。

さて、**図表1－3**をよく眺めてみると、おっ！　これはどうやら、上半分にプロッ

1-2 消費者によるSC総合満足度ランキング

順位	SC名	得点
1	玉川高島屋SC (n=118)	75.9
2	イオンモール広島府中 (n=120)	72.8
3	二子玉川ライズSC (n=120)	70.8
4	阪急西宮ガーデンズ (n=120)	70.6
5	イオンレイクタウン (n=120)	69.3
6	ラゾーナ川崎プラザ (n=120)	69.2
7	イオンモール神戸北 (n=120)	68.9
8	アリオ札幌 (n=120)	67.8
9	イオンモール倉敷 (n=120)	66.4
10	イオンモール堺北花田 (n=120)	66.1
⋮	⋮	⋮
21	柏高島屋ステーションモール (n=120)	60.9
⋮	⋮	⋮
25	アルパーク (n=120)	59.4
⋮	⋮	⋮
28	青葉台東急スクエア (n=120)	54.8

トされているのは、ほとんどが都心のターミナル駅や都市部に立地しているSCで、下半分にあるのは郊外や準郊外に立地しているSCといえそうです。どちらか明確に区分できないSCもありますが、とりあえず、安藤氏はSC全体を「都心・ターミナル型」と「郊外・準郊外型」の二つに分類することにしました。

ここで、半田さんの勤めるA社の出店予定地について考えてみます。

半田さんたちが賃借契約を結んだ土地は、都心に近く、かつ住宅地を背にしていますから、都心と郊外の中間的な位置づけであるといえます。ただし、都心のターミナル駅ではないので、都心立地の可能性を残しつつも、「郊外・準郊外型」立地として分析を進めることにしました。

それでは、半田さんになったつもりで、郊外・準郊外型SCの満足度要因を一緒に検討してみましょう。

安藤氏は、まず半田さんにSCの九つの評価項目についての「相関行列」と呼ばれる表を見せました（**図表1－4**）。

「相関」という言葉は本書では何度も登場しますが、ひと言でいうと「それぞれの項目間の関係の強さ」という意味です。数字の絶対値が1に近いほどお互いの項目が影響し合っている、つまり関係が強いことになります。

1-3「都心・ターミナル型」と「郊外・準郊外型」の2つに分類する

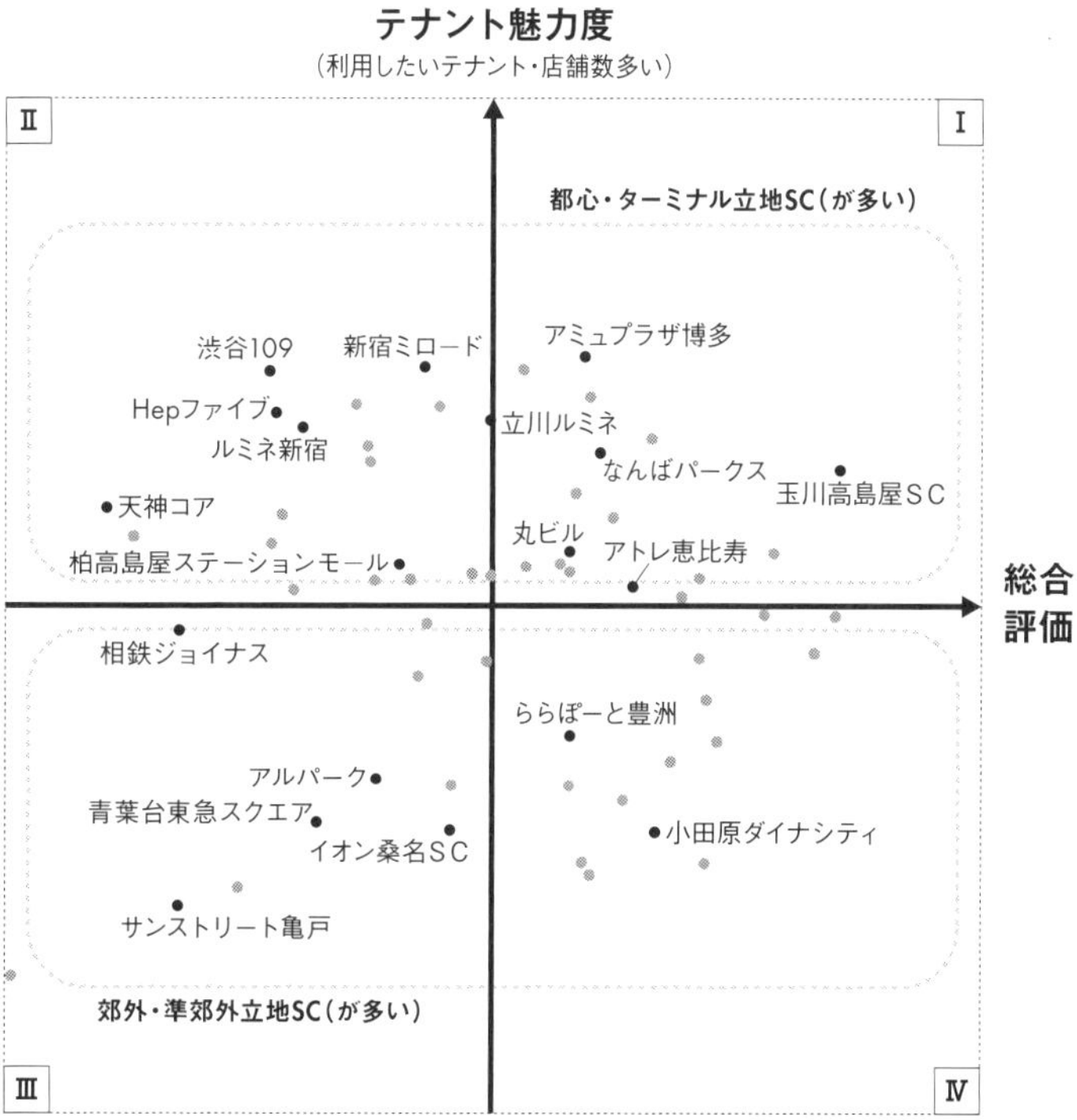

さて、この表のなかで絶対値がもっとも1に近い数値は「利用したい店舗（テナント）」×「店舗数の多さ」です。数字は0・900です。

相関の求め方については第9章で説明しますが、半田さんの立場であれば表の見方だけ覚えておけば十分です。ここでは「絶対値が1に近いことが重要」とだけ頭に入れておいてください。これが意味するのは、「自分が利用したい店舗があること」と「店舗の数が多いこと」とが密接に関係しながら、顧客満足度を決定する大きな要因になっているということです。

「当たり前じゃない？」と思ったかもしれませんが、ここでは「仮説どおり」と言うことにしましょう。「当たり前」のことを予見し、それを証明していく手順を考えることが、統計的な思考やフレームワークを身につけるための重要な一歩だからです。

さらに相関行列をよく見ると、「施設内の雰囲気」「施設の広さ・大きさ」という項目も顧客満足度を決める重要な要素であることがわかりました。

③似たもの同士で類型化する

今度は似たもの同士のなかから、より似たものを見つけます。「クラスター分析」という手法を使います（「クラスター分析」は第3章で詳しく取り上げます）。

1-4「郊外・準郊外型SC」の相関行列

	立地	駐車場	雰囲気	広さ・大きさ	利用したい店舗	店舗数	休憩場所	わかりやすさ	歩きやすさ
立地		-0.711	-0.108	-0.285	0.017	-0.170	-0.229	-0.239	-0.250
駐車場			0.188	0.319	-0.131	0.015	0.292	0.258	0.333
雰囲気				**0.829**	**0.720**	**0.757**	**0.761**	0.498	0.683
広さ・大きさ					**0.762**	**0.811**	0.665	0.432	0.659
利用したい店舗						**0.900**	0.534	0.307	0.558
店舗数							0.622	0.255	0.532
休憩場所								0.512	0.540
わかりやすさ									0.655
歩きやすさ									

強い相関関係にある変数からわかること

①「利用したい店舗」と「店舗数の多さ」＝0.900→利用したい店舗がある SC は店舗数が多い。
②「施設内の雰囲気」と「施設の広さ・大きさ」＝0.829→施設内の雰囲気がよい SC は広く大きい。
③「施設の広さ・大きさ」と「店舗数」＝0.811→大きい規模の SC は店舗数が多い。

図表1－5が「郊外・準郊外型」に分類されたSCのクラスター分析の結果です。同じ要素をもつSCを結びつけてみると、郊外・準郊外型SCもさらに五つのグループに分けられました。その五つとは次のとおりです。

・スーパーリージョナル型……広域商圏を対象とし、集客性の高い有名専門店をはじめ、ファッション、飲食店、娯楽施設などを総合的にそなえた大型SC。
・高感度・都市型……都心部に近く、比較的所得の高い層の住む住宅地を一次商圏内に有する、流行感度が高いショップやブランドを擁するSC。
・標準的リージョナル型……郊外や幹線道路沿いに見られる、大型スーパーをキーテナントとするSC。
・百貨店テイスト型……都心のターミナル駅と郊外を結ぶ鉄道沿線の住宅地に居住するファミリー層が主要ターゲット。百貨店や、それに準じる大型店をキーテナントとするSC。
・地域密着型……食品スーパーや大型量販店をキーテナントとする、生活必需品を中心にそなえたSC。

もう一度、A社の出店予定地について考えてみます。

1-5「郊外・準郊外型SC」を5グループに類型化する（Ward法）

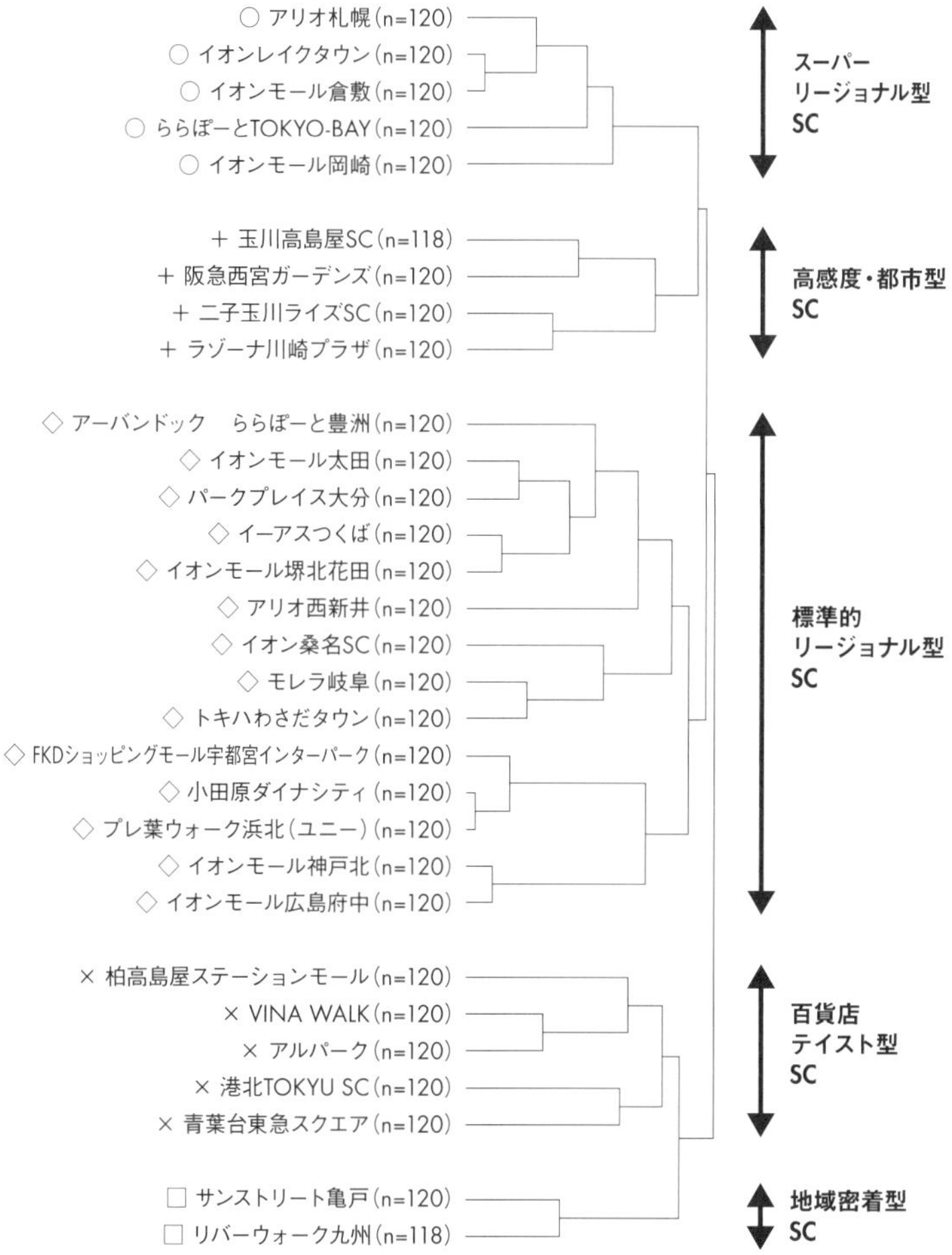

半田さんたちがＳＣをつくろうとしているのは、都心に近く、住宅地を背にした土地でした。しかも駅に近い絶好の立地です。商圏的には郊外と都市が重なり合う立地なので、半田さんは「郊外・準郊外型」のカテゴリーで検討することに少々懸念をもっていましたが、今は「郊外・準郊外型」を細分化することで得られた「高感度・都市型」というコンセプトに惹かれています。

④さらに似たもの同士のなかに違いを見つけ、もう一度全体へ戻る

ここで、**図表１－３**（27ページ）の主成分分析に戻ります。

というのも、クラスター分析は、似たもの同士や違いを見つけるうえでは有効な分析方法ですが、ここからは評価の良し悪しは見えてこないからです。一方、**図表１－３**の主成分分析のヨコ軸はＳＣの総合評価を表しますから、ここには満足から不満足までの評価が反映されています。

これを見ると、Ａ社の出店予定地と同様、駅に近く、かつ都心から遠くない玉川高島屋ＳＣの総合評価が高いことがわかります。思い出してください。玉川高島屋ＳＣは郊外・準郊外型ＳＣにおけるクラスター分析（**図表１－５**）で「高感度・都市型ＳＣ」に分類されました。

一方、A社の出店予定地は、立地的には「百貨店テイスト型ＳＣ」も選択肢の一つとして考えられます。また、その中間型の業態も可能性がありそうです。いったいどちらを目指すべきなのでしょうか。

そこで、**図表1－3**の主成分分析のヨコ軸のポジションと、**図表1－2**の満足度ランキングを合わせて検討してみます。満足度ランキングを見るのは、ここに「ＳＣに対する消費者の評価」がストレートに反映されているからです。

ポイントとなるのは、「百貨店テイスト型ＳＣ」のランキングです。このグループは、青葉台東急スクエア、アルパーク、柏高島屋ステーションモールなどのＳＣで構成されています。ところが、消費者による満足度ランキングでは、これらのＳＣはベスト10どころか20位にも入っていません。

つまり、「百貨店テイスト型」のコンセプトでは、20代から40代までの幅広い女性消費者から高い満足度を得ることは難しいと結論づけられます。もちろん特定のターゲットに絞り込むという戦略もありますが、A社の出店予定地の規模を考えると、顧客層をあらかじめ限定するのはリスキーです。

安藤氏は、「やはり勝負に出るのであれば、高感度・都市型だ」と、提案の骨子となる戦略的方向性に確信をもちました。半田さんも自分の考えに近い答えが得られたので、さらに意欲が高まりました。

魅力的なテナントを誘致するには

こうして、「高感度・都市型」という基本戦略の方向性は見えてきましたが、実現の鍵は有力テナントをどれだけ集めることができるかです。魅力あるテナントを数多く誘致できなければ、結局ハコは宝の持ち腐れです。

懸念されるのは、A社は商業施設運営の実績が少なく、テナント企業との交渉ノウハウが不十分な点です。基本戦略の有効性を高めるためにも、テナント企業を誘致するための具体的な営業施策が必要です。どんな施策を用いるべきなのでしょうか。ここで、「テナント企業調査」が活きてきます。

テナント企業調査は、消費者調査のときと同じ主要60SCに出店しているテナント企業を対象に実施し、物販73社、非物販20社の合計93社から回答を得ました。さらに、安藤氏はテナント各社の出店担当者へのインタビューも行って、数字の背景となる担当者の生の声を収集し、分析に活かすことにしました。

この分析においても、まず全体を大きくとらえることから始めます。

1-6 テナントがディベロッパー（DV）に期待すること（3段階評価）

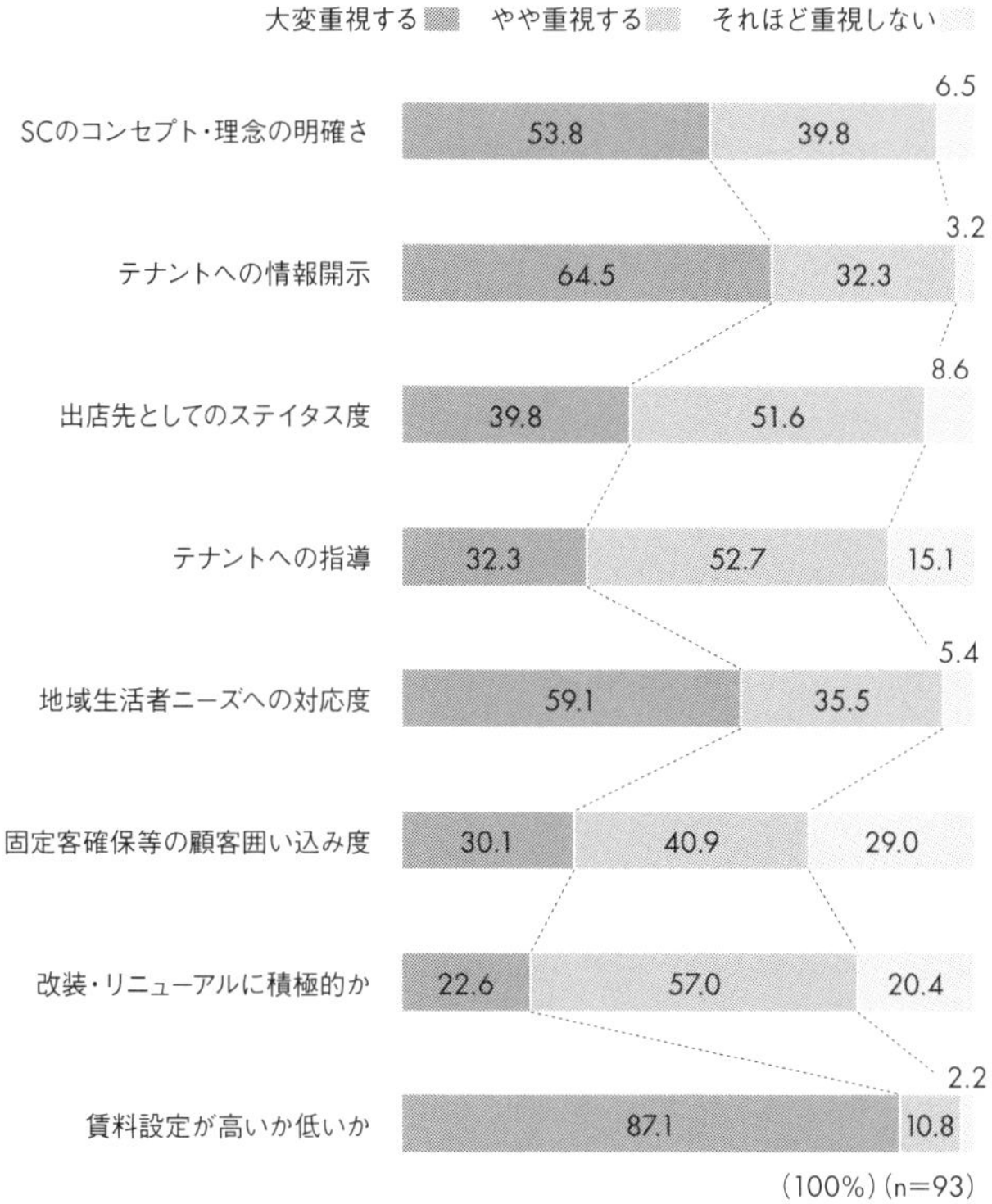

① 大きくとらえる

図表1－6が、テナントが16社のディベロッパーに期待する8項目の3段階評価です。**図表1－7**は、テナントによるディベロッパー総合満足度ランキングです。

まず**図表1－6**で、テナントがディベロッパーに何を求めているかを見てみましょう。項目は次の八つです。

・SCのコンセプト・理念の明確さ　・テナントへの情報開示
・出店先としてのステイタス度　・テナントへの指導
・地域生活者ニーズへの対応度　・固定客確保等の顧客囲い込み度
・改装・リニューアルに積極的か　・賃料設定が高いか低いか

3段階評価の結果を見ると、テナントの最大の関心事は「賃料」でした。やはりという感じです。これを除くと、「テナントへの情報開示」「地域生活者ニーズへの対応度」「コンセプト・理念の明確さ」など、ディベロッパーのテナントに対するサポート体制が求められていることがわかります。

次に、**図表1－7**の満足度ランキングを見ます。アウトレット型SCも展開する三井不動産を含め、ルミネ、アトレ、パルコなど、総じて都市部で魅力的なSCを運営するディベロッパーの評価が高くなっています。また、大型SCを積極的に開発して

1-7 テナントによるDV総合満足度ランキング

順位	DV名	得点
1	ルミネ(n=51)	55.8
2	三井不動産(n=68)	52.7
3	アトレ(n=51)	52.1
4	パルコ(n=51)	43.8
5	イオンモール(n=60)	42.0
6	東神開発(n=49)	38.8
7	三菱地所(n=48)	38.2
8	東急モールズデベロップメント(n=47)	34.4
9	イオンリテール(n=57)	27.6
10	イトーヨーカ堂(n=57)	25.2
11	森ビル(n=37)	24.7
12	野村不動産(ジオ・アカマツ)(n=31)	9.0
13	ロック開発(n=39)(現イオンタウン)	7.1
14	双日リアルネット(n=32)※	6.7
15	大和ハウス工業(n=41)	6.7
16	東京建物(プライムプレイス)(n=36)	6.4

※双日リアルネットは2012年9月に「双日新都市開発」に社名変更。

いるイオンモール、A社が狙っている「高感度・都市型SC」の施設コンセプトづくりがうまいことで知られる高島屋系の東神開発も上位に入っています。

②違いを見つけ、似たもの同士で類型化する

次に、消費者評価のときと同様に、全体の中身を詳しくみてみましょう。

図表1―8がクラスター分析、**図表1―9**が主成分分析による類型化です。

クラスター分析では、大きく二つに分類できます。商業施設運営を事業の核とする「本格事業展開型」と「副業展開型」です。半田さんのA社は、副業展開型のグループに入ります。

次に、主成分分析の結果（**図表1―9**）を見てみましょう。ヨコ軸に注目してください。A社と同じグループである「副業展開型」の評価が左に寄っていることが一目でわかります。商業施設運営における事業経験の少なさが、テナント各社によって浮き彫りにされたといえます。

③評価を決める要因を分析し、具体的な施策を導く

さて、全体傾向において、テナントがディベロッパーに期待しているのは、テナン

1-8 ディベロッパーは2つに類型化される (Ward法)

トへの情報開示、テナントへの指導などのサポート体制でした（**図表1−6**）。この点をもう少し丁寧に見ます。

消費者評価の対象となった60SCのデータに、テナントによるディベロッパー評価データ（8項目）を紐《ひも》づけて、それぞれのディベロッパーがこれから開発するSCへの出店意欲度との相関を見ます。

データが煩雑になるのでここでは掲載しませんが、やはり、消費者から「利用したい店舗が多い」と評価されたSCを運営するディベロッパーが開発するSCへの出店意欲が高い、という結果となりました。まさに好循環です。

では、こうした好循環を生むためにディベロッパーにできることは何か。本格事業展開型ディベロッパーにあってA社にない、テナント各社を満足させるためのノウハウは何か。これらを具体的に検証することができれば、結果的に「高感度・都市型SC」の実現に向けての戦略ロードマップを描くことができるでしょう。

図表1−10は、ディベロッパーに対する8評価項目に「出店意欲度」を加えた9評価項目の相関行列表です。

出店意欲度と各項目の相関を見ると、「コンセプト・理念の明確さ」「テナントへの情報開示」「テナントへの指導」「地域生活者ニーズへの対応度」がディベロッパーへ

1-9「副業展開型」は一つのグループを形成している

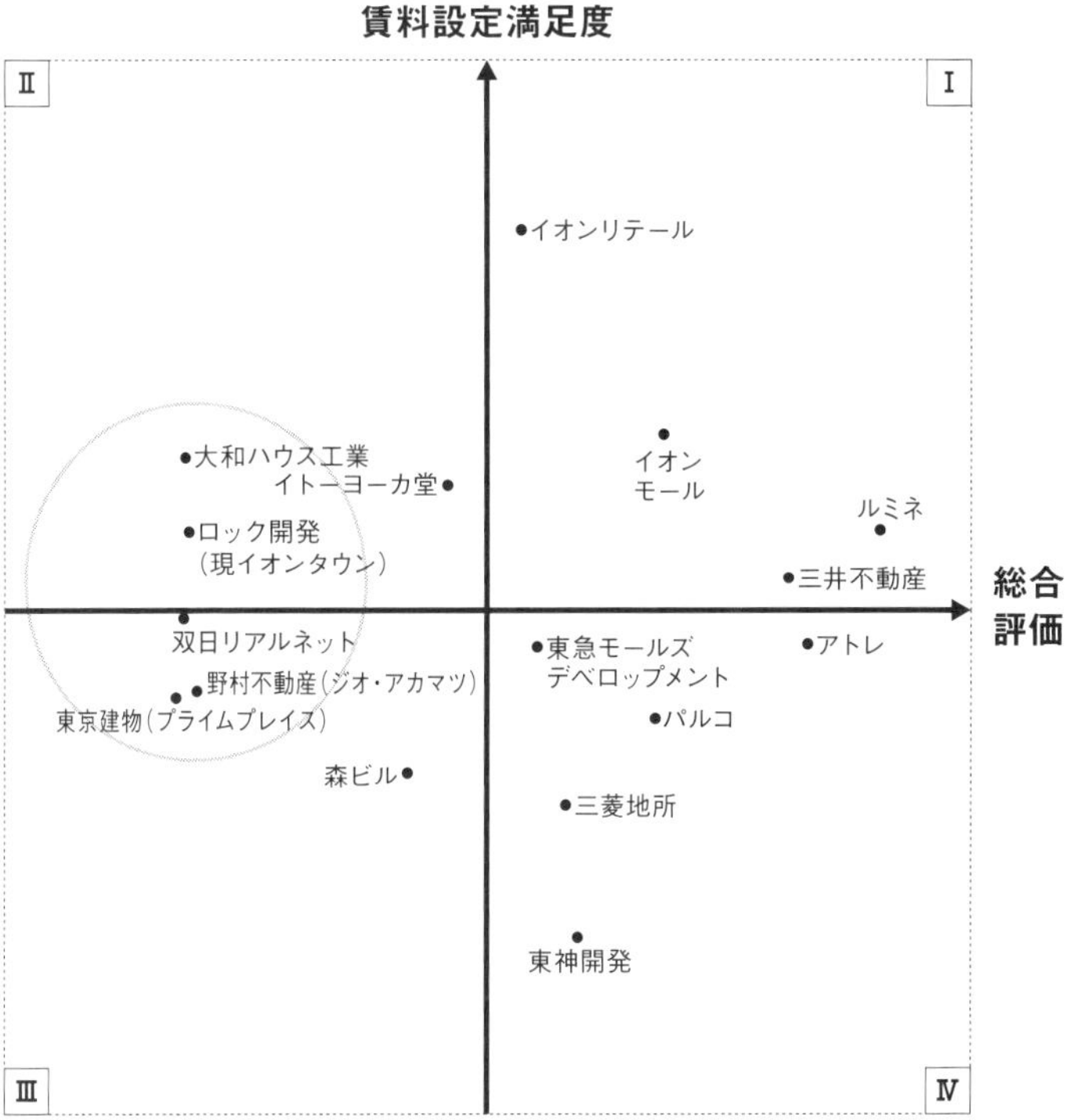

の信頼に結びついていることがわかります。

安藤氏はこれらを踏まえ、半田さんの勤めるA社が目指すべき施設コンセプトは「高感度・都市型SC」であり、事業成功の鍵はテナント・リーシング（誘致）にあると結論づけました。そして、その施策の方向性を報告書にまとめました。

その骨子は、「顧客ニーズを定期的に調査する仕組みを整えるとともに、SC全体の販促効果や集客推移等の情報開示を行うこと」。また、「テナント各社の売上推移を定期的に分析してマーチャンダイジング面の指導を行うなど、SC全体のマーケティング施策とテナント支援とを一体化させた仕組みづくりを行うこと」です。

報告書を受け取った半田さんは、この提案をSC開発準備室メンバーに報告し、トップから基本戦略について承認を得ることができました。戦略の具体化にはまだまだ検討すべき事項が山積しています。半田さんは引き続き安藤氏からコンサルティングを受けることにしました。

「統計的発想」は最上のツールだ

さて、いかがでしょうか。物事を数字に置き換えながら考えを進めていくプロセスの一端をご理解いただけたものと思います。

1-10 テナントによるディベロッパー評価の相関行列

	コンセプト・理念	情報開示度	ステイタス度	丁寧な指導	ニーズ対応度	顧客囲い込み度	改装・リニューアル	賃料設定	出店意欲度
コンセプト・理念		**0.908**	**0.965**	0.867	**0.924**	0.815	0.804	0.436	**0.924**
情報開示度			0.824	0.817	**0.949**	0.871	0.842	0.581	**0.915**
ステイタス度				**0.901**	0.868	0.796	0.789	0.341	**0.911**
丁寧な指導					0.892	**0.915**	0.887	0.521	**0.949**
ニーズ対応度						0.894	0.862	0.629	**0.970**
顧客囲い込み度							**0.953**	0.749	**0.934**
改装・リニューアル								0.698	0.885
賃料設定									0.586
出店意欲度									

強い相関関係にある変数からわかること

①「ニーズ対応度」と「出店意欲度」＝0.970→ニーズ対応度で評価の高いDV（ディベロッパー）が運営するSC（ショッピングセンター）へはテナントの出店意欲度が高い。
②「コンセプト・理念」と「ステイタス度」＝0.965→コンセプト・理念がしっかりしているDVでは、SCのステイタスが高い。
③「顧客囲い込み度」と「改装・リニューアル」＝0.953→顧客の囲い込みがしっかりしているDVが運営するSCでは、テナントは改装・リニューアルに積極的。

「結論は想定どおり」という方も少なくないでしょう。それでも、数字に置き換えることで何となく理解していたことが明確になるだけでなく、思い込みや勘違いを修正することが可能になります。

何よりも重要なことは、意思決定にかかわる全員が同じ数字をベースに考えることができる点です。数字の解釈は多様であって当然ですが、議論の前提となる事実に対する認識にズレがあってはなりません。

天才的なリーダーや経営者であれば、直感的に着眼し理解できます。しかしながら、たとえ天才的なひらめきがあっても実行しなければ何の意味もなしません。

天才は実行してはじめてそう呼ばれます。数字は周囲や組織を動かすための最上の武器です。とすれば、統計的発想とは、読者の皆様を天才の領域へと〝安心して〟踏み込ませるためのツールといえるかもしれません。

第2章

「同じもの」のなかに違いを見つけ出す

視点を変えることで
モノゴトの差異を発見する方法

ファッションビル109に入っているブランドには
どんな違いがあるか?

「モノゴトのくくり方」を変える

ここでは、「同じカテゴリーとして認識されているもののなかに、違いを見つけ出す方法」を考えてみます。こう書くとなにやら大層な感じですが、そもそも世の中にまったく同じものはありません。

「同じもの」というのはくくり方、見え方の問題です。

たとえば、私たち人間は、生物学的には同一の「種」ですが、国籍や言語、あるいは年齢や性別でくくることもできるし、居住地域や職業、家族構成、趣味といった軸で分類することも可能です。そして最終的には、私たちは一人ひとり違うということになります。

問題は、同一性と違いをどのレベルで考えるかであり、つまり「どうくくるか」ということです。別の言い方をすると、「どの角度から見るか」であり、また「くくる対象をどこまで広げるか」でもあります。

そうした「くくり方」について考えるために、この章では**「主成分分析法」**という手法を説明します。主成分分析は、互いに関係し合っている多数のデータを使って複数の分析対象の性質をわかりやすく特徴づけたいときに便利な方法です。

具体例を通して、分析の手順を考えてみましょう。

さて、読者の皆様は、マウジー、スライ、セシルマクビーと聞いて何のことかおわかりでしょうか？

これらは、「１０９」（イチマルキュー）という渋谷の街を象徴するファッションビルに出店しているブランドやショップの名前です。

ファッション業界の方や中高生の娘さんをもつ親御さんであれば、これらのお店がいかに彼女たちの支持を集めているかご存じのことと思います。販売員たちも個性的で、それぞれの店がもつ独特のデザインやコンセプトをエネルギッシュに主張しています。業界関係者は、これらのブランドを一くくりにして「マルキュー系」と総称しています。

ファッションに保守的なお父さんたちにとっては、清楚な服を着てほしいと願う気持ちを一瞬で粉砕してしまう〝いかにも今時のギャル・ファッション〟として、できれば娘を遠ざけておきたい世界として認識されているかもしれません（個別に見ると、保守派にとって違和感のないブランドもたくさんあります）。

では、これほど個性的で特徴的なこれらのブランドが、なぜ同じもの（マルキュー系）として認識されるのでしょうか。いい換えると、同じもの（マルキュー系）として総括されているのに、どうしてこれほどまでに違いがあるのでしょうか。あらためて一緒に考えてみましょう。

「109」について考えてみる

まず、なぜこれらの個性的なブランドが同じものとして扱われるのか。

皆さんはファッション商品をどんな基準で分類しますか。すぐに思いつくのは紳士服、婦人服といった性別による区分でしょう。また、特選ブランド、デザイナーズブランド、ミセス、キャリアといった百貨店の売場名称を思い浮かべる人も少なくないでしょう。コート、セーター、下着といった製品アイテムごとの分類もあります。

業界においては、とりわけ重要な区分が販売チャネルです。

日本のアパレル業界は百貨店を軸に成長してきました。百貨店に取引口座を開くのはハードルが高く、それゆえ百貨店に商品を卸せる百貨店アパレルが業界の花形企業として認知されてきました。彼らは、日本の衣料品市場のメインチャネルであった百貨店向けにフルラインの商品展開を行うことで成長しました。

これに対して、イトーヨーカ堂やダイエーなど大型量販店を主要販路とするメーカーは、企画力やブランド開発力といった点において百貨店アパレルと比較するとどうしても見劣りしました。卸価格を抑えるには、資材の大量発注が可能な単品生産が有利であり、また、トレンドからのリスクをミニマムにしようと考えると、どうしてもデザインは流行の後追いになりがちです。

このように、ファッション市場は販路という区分がメーカーのビジネスモデルやブランドの特徴を分類するうえで非常に重要な意味をもっているわけです。どこで売られるかによって取引形態はもちろん、品質や価格帯といった基本的なマーケティング要件が決まります。

これまでは、大手の百貨店と量販店が自社の営業方針に合った特定のメーカーやブランドと共同で売場をつくってきました。彼らが日本のアパレル市場をリードしてきたといってもよいでしょう。

しかし今、ファッション市場はマーケットの成熟とともにますます多様化しつつあり、グローバル化による寡占化と、よりニッチな方向とに二極化しつつあります。限られたアパレルメーカーによって品揃えされた大型店の売場が徐々に鮮度を落としていくのは当然の流れといえるでしょう。

そうした変化をいち早く嗅ぎ取ったファッションビルのパイオニアが１０９であり、

ターゲットを絞り込み、テイストを特化した個性的なSPA型（製造小売型）専門店を集積させることで、唯一無二の市場ポジションを創造しました。

つまり、「マルキュー系」というのは、自社で企画・製造した商品を販売するSPA型専門店というビジネスモデルの同一性と、その個性的なテナント・リーシング（誘致）コンセプトにマーケティング要件が合致しているブランドという意味において「同じもの」として総称されるのです。

「似たもの同士」のなかに個性を見出す

さて、ここからがこの章の本論です。

ビジネスモデルとマーケティングの両面から一つのカテゴリーを形成している「マルキュー系」ブランドですが、一つひとつのブランドは大変個性的です。109に来店する女の子たちにとっては、それぞれのブランドがあたかも一人ひとりの友人であるかのように個性溢れる存在であるに違いありません。そうした違いをきちんと見出してあげることが大切です。

一見同じように見えるそれぞれのブランドの個性を、彼女たちの目線において重ならないように見るにはどうすればよいでしょうか。

2-1 「対象年齢」と「価格帯」におけるポジショニング

a アパレル市場全体における109のポジション

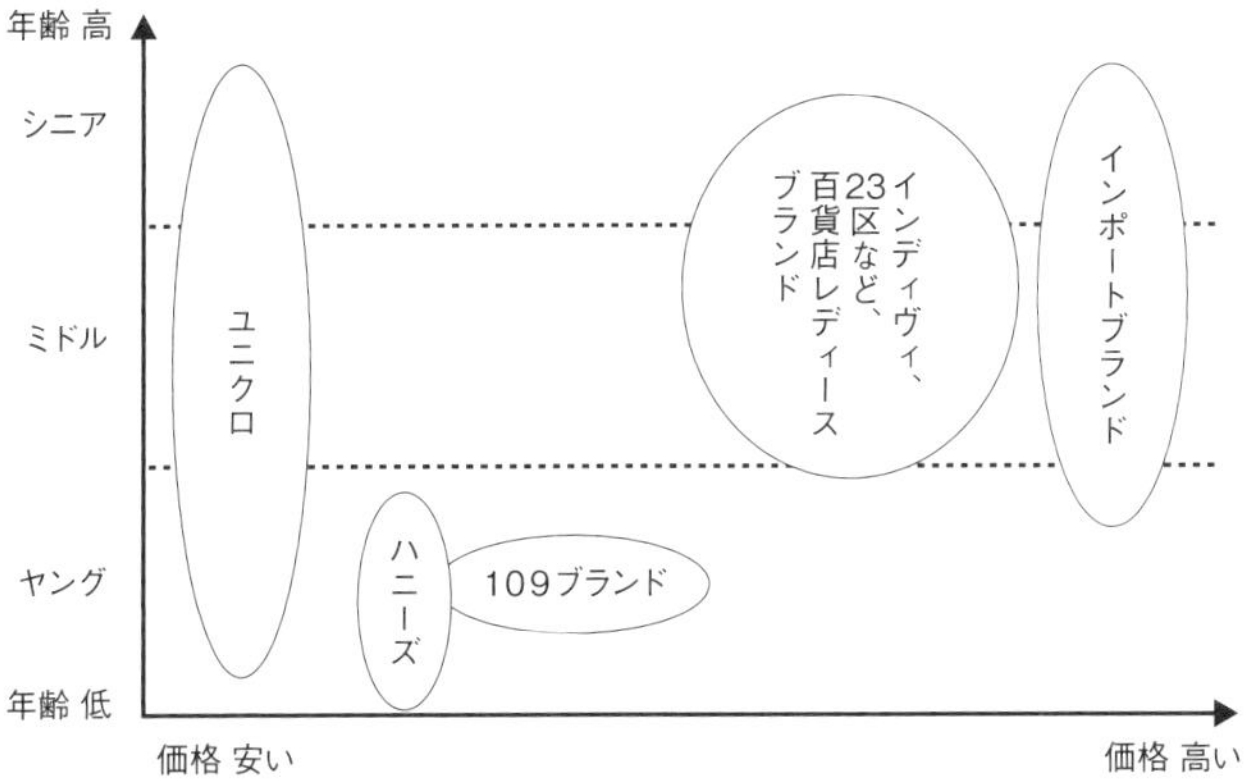

b 109におけるブランドのポジション

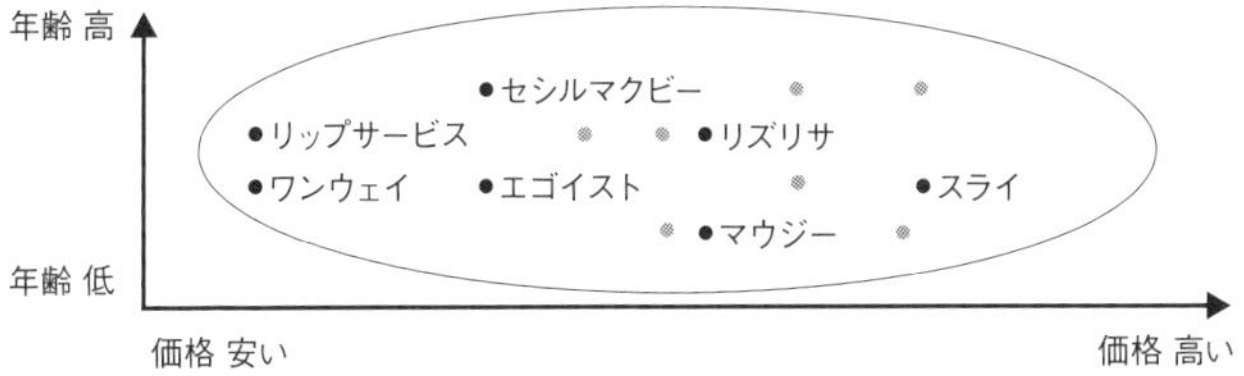

109ブランドを取り出し、さらに細かくセグメントしてみると、同じ109ブランドでも、価格ポジションは微妙に異なるが……。

主成分分析の考え方① 視点を変える

もしも、対象年齢と価格帯だけでブランドを分類できるのであれば、簡単です。前ページの**図表2－1a**をご覧ください。アパレル市場全体における「マルキュー系」のポジションがおわかりになると思います。しかし、私たちが今、対象としているのはマルキュー系の個々のブランドであって、対象年齢も価格帯も重なっている「似たもの同士」です。

こうした似たもの同士を重ならないように分類するための方法の一つは、「より細分化されたレベルで差異を考える」ことです（**図表2－1b**）。

この**図表2－1b**において、低価格から中価格帯のレンジをもっと細かく刻めば、それぞれの違いが浮き彫りになるかもしれません。しかし、そもそも109というハコそのものが同じターゲット層を狙ったブランドを集めているわけですから、彼女たちの意思決定を左右するほどの価格差はないと考えられます。

別の方法を考えてみましょう。

それは、「重なって見えているものが、重ならないように見える視点を見つける」ことです。

2-2 視点をずらすことで、見えなかったものが見えてくる

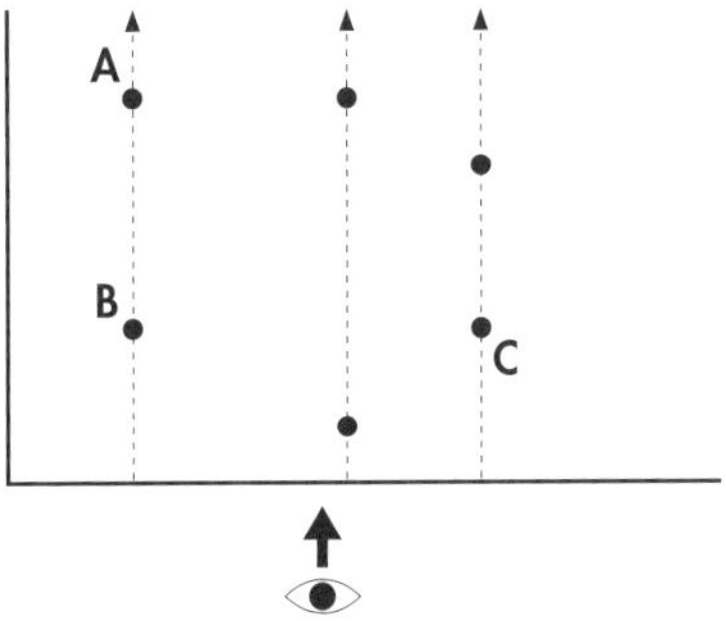

下から見ると、AはBに重なってしまうため、点は3つしか見えない。

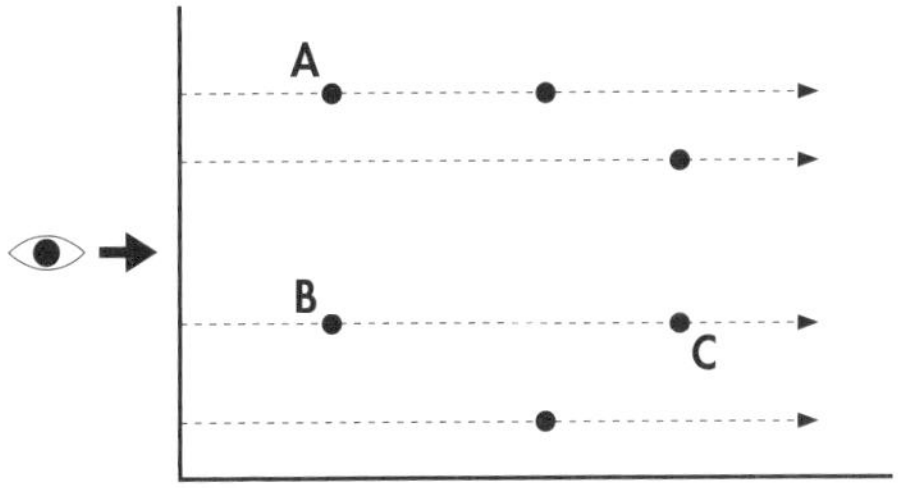

左から見ると、今度はBにCが隠れてしまい、点は4つしか見えない。

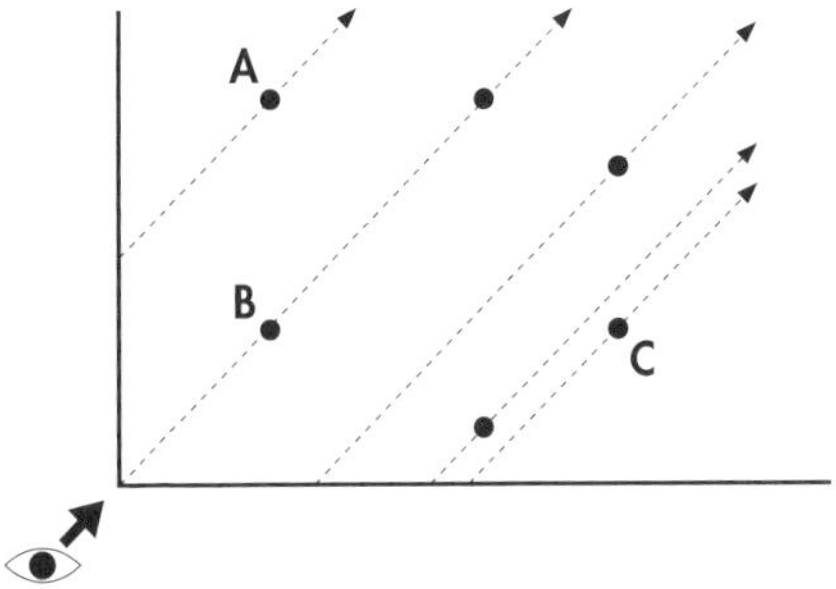

視点を変え、斜めから見ることで、A、B、Cのすべてが視野に入る。

図表2－2を見てください。下から見るとAはBに隠れて見えません。左から見ると今度はBに隠れてCが見えません。A、B、Cの三つが同時に見えるようにするにはどうしたらよいでしょうか?

そう、視点を変えます。「軸を回転させる」のです。

軸を回転させ、視点をずらすことでこれまでの立ち位置では見えなかったものが見えてきます。視界がよくなります。

似た者同士の違いを見出すために、もっとも視界が開けた地点に自分自身が立つこと、これが主成分分析の考え方です。

自分の都合で軸を変えるなどというと、非科学的に思うかもしれませんが、モノゴトの差異をどのレベルで認識し、どう解釈するかは最終的に評価者に委ねられます。ただ、どこまで軸を回転させればよいのか、どういう状況でもっとも視界がよくなるかについては主成分分析を活用するのが有効です。

詳しい説明は割愛しますが、もっとも視界が開けるのは、それぞれのデータから平均までの距離の二乗の和が最大になる位置。いい換えれば「分散が最大になる位置」まで軸を回転させたときです。

2-3「109ブランド」の選好基準と評価結果を見る

	高級感がある	定番的である	トラディショナルな感じ	セクシーな感じ	過激な感じ	おとなしい感じ		大人っぽい	女の子っぽい
マウジー	10.3	11.8	6.9	55.8	25.6	2.1		26.1	4.9
スライ	9.6	6.5	8.8	57.1	30.6	1.3		26.2	3.6
セシルマクビー	13.6	23.4	6.1	48.8	22.3	2.5		25.0	13.5
リズリサ	6.3	7.1	2.7	13.3	8.5	3.6		4.3	67.7
エゴイスト	11.7	8.3	5.3	47.4	31.1	1.9		24.6	4.9
リップサービス	5.3	5.3	3.6	44.0	22.2	2.3		20.9	10.6
ワンウェイ	2.2	17.5	5.2	6.9	4.7	4.7		2.5	17.1
リエンダ	15.1	8.6	8.6	41.9	12.9	5.4		25.8	17.2
トゥララ	3.5	7.0	4.4	3.9	4.4	3.1		4.4	64.6
リズリサドール	5.4	2.7	3.5	7.3	6.2	5.4		3.8	66.2
リズリサトゥインクル	5.8	4.7	2.6	6.3	2.1	5.8		2.6	63.9
ローリーズファーム	2.2	45.0	5.6	1.3	0.5	30.6		7.2	21.8
ヴァンス	4.5	22.3	8.6	23.0	9.6	5.5		16.2	4.5
ピンキーガールズ	8.5	6.0	1.8	12.9	4.9	6.1	・・・・・・	8.2	64.0
ハニーズ	1.1	28.9	3.9	2.8	1.3	9.1		3.1	20.1
ビームス	17.1	34.5	13.5	2.4	1.8	8.0		13.1	2.3
アンタイトル	29.7	24.4	16.7	3.1	0.7	14.5		47.1	2.4
ナチュラルビューティーベーシック	14.9	39.1	12.1	1.3	1.5	26.2		41.9	3.8
コムサデモード	24.4	36.5	14.6	1.7	1.1	18.5		29.9	1.5
ピンクハウス	6.5	5.3	3.8	2.5	6.7	2.7		1.7	63.2
ピーチジョン	6.3	11.9	2.8	49.7	17.4	1.0		14.9	39.2
ビッキー	10.9	12.3	6.3	19.0	7.4	4.2		29.2	16.2
レベッカテイラー	24.6	8.0	8.0	5.4	2.2	7.3		20.8	36.4
プライベートレーベル	24.9	15.1	10.0	2.7	1.0	11.5		27.0	33.9
バーバリーブルーレーベル	58.3	27.8	19.4	1.1	1.7	14.5		25.0	12.5
ギャップ	4.4	54.2	8.8	1.6	1.1	9.5		7.0	1.6
ハッシュアッシュ	2.7	26.7	4.7	1.0	2.0	19.5		10.4	12.6
アプワイザー・リッシェ	20.0	14.7	5.8	4.7	2.6	8.4		17.9	53.2

(%)

主成分分析の考え方② たくさんの情報をまとめる

ところで、マルキューのブランドは何によってそれぞれの違いが認識されているのでしょうか。それは、マルキューの顧客である彼女たち本人に聞くのが一番です。自分の好みのブランドを探し出し、お金を払う、まさに彼女たち自身の評価尺度こそが唯一の真理であり真実です。

ブランドや商品を選択することを「選好」という言葉で表現しますが、「ターゲット顧客層のブランド選好基準」でブランドの個性を分類してみましょう。

私たちは事前調査を行って、１０９の主要顧客層である彼女たちがどんな見方でブランドを評価しているか、彼女たちの言葉を14抽出しました。

・高級感がある
・トラディショナルな感じ
・過激な感じ
・ファッション感度が高い
・子どもっぽい
・こだわりを感じる
・大人っぽい
・定番的である
・セクシーな感じ
・おとなしい感じ
・年齢に関係なく着られる
・安っぽい
・流行遅れな感じ
・女の子っぽい

2-4「セクシーな感じ」が109ブランドらしさ？

マウジー

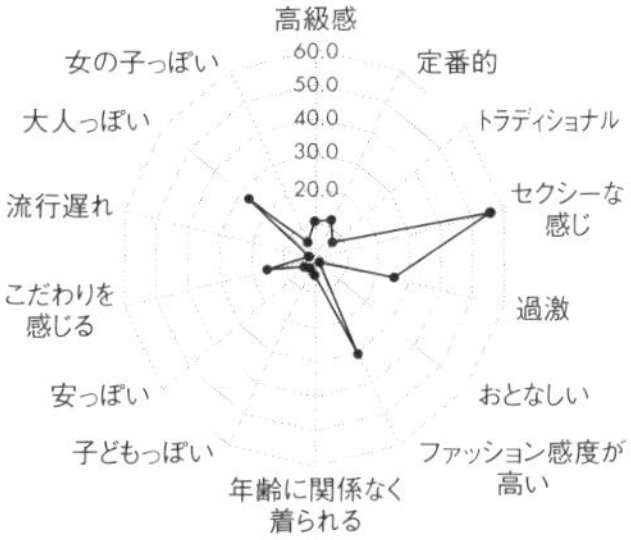

エゴイスト

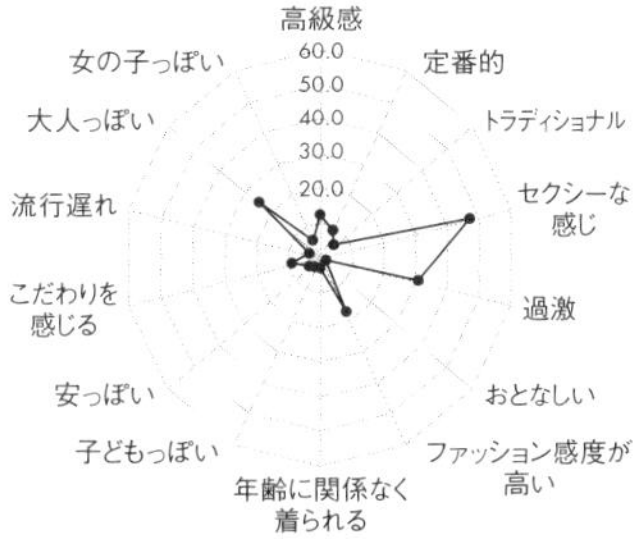

セシルマクビー

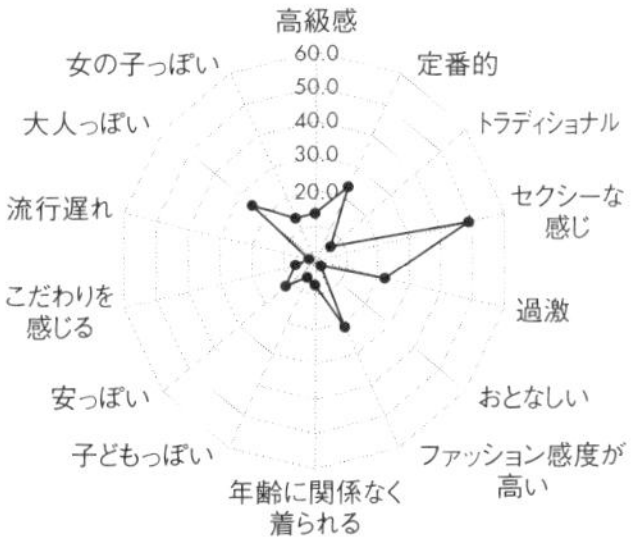

リエンダ

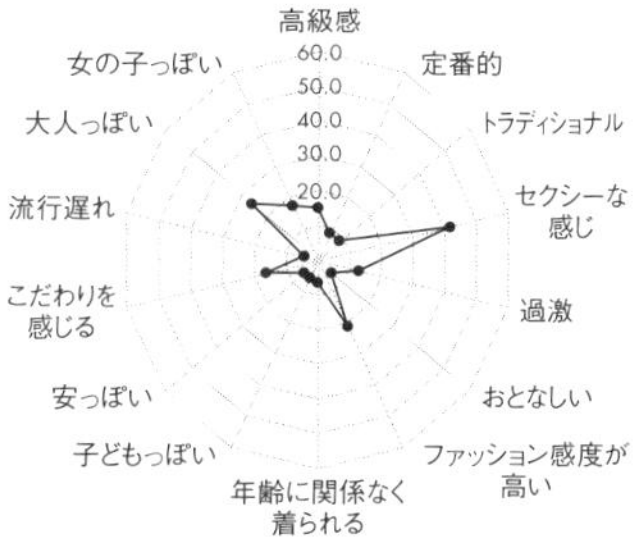

リズリサ

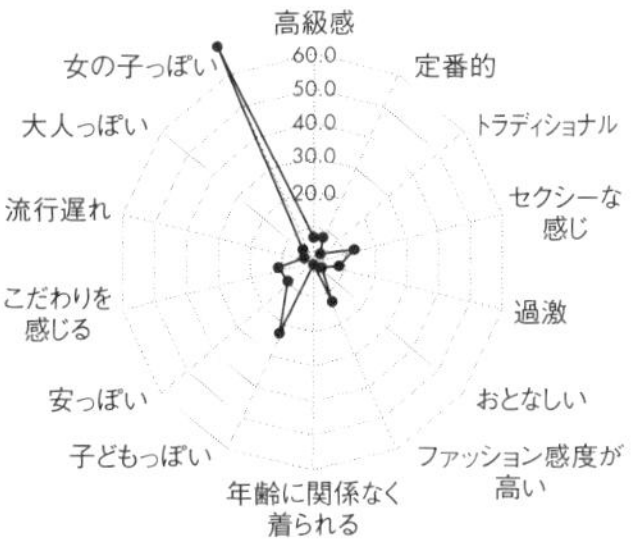

そして、これらの言葉（＝ブランド選好に際しての基準）にもとづき、28の主要ブランドについて調査を実施しました。

図表2－3は、彼女たちがブランドを差別化するための選好基準と主要なブランドに対する評価です。代表的な結果をレーダーチャートにしてみると、それぞれの個性の違いが一目瞭然です（**図表2－4**）。

これら項目別の得点表やレーダーチャートは、一つひとつの評価項目の違いをブランド単位で比較分析するには便利ですが、彼女たちは実際の買い物場面でそのような検討作業を行っているわけではありません。それぞれのブランドの個性を瞬間的に理解し統合して、「好き」「嫌い」「カワイイ」「カワイクナイ」といった判断をしているはずです。

つまり、各評価項目を評点し、その結果として合計点が与えられるのではなく、それぞれの項目が相互に影響を及ぼしながら全体のイメージを形づくっていると考えられます。「ちょっと子どもっぽいけどセクシーでかわいい」と感じる場合もあれば、「セクシーだけどちょっと子どもっぽくてカワイクナイ」などという場合もあるでしょう。同じ印象を含んでいても全体の感じ方は異なるので、こうした複数の評価項目をまとめて理解する必要があります。

2-5 相関行列の表で数字が1に近いほど相関が強い

	高級感がある	定番的である	トラディショナルな感じ	セクシーな感じ	過激な感じ		大人っぽい	女の子っぽい
高級感がある	1	0.130	0.806	-0.177	-0.195		0.572	-0.221
定番的である		1	0.505	-0.409	-0.437		0.143	-0.578
トラディショナルな感じ			1	-0.232	-0.251		0.664	-0.599
セクシーな感じ				1	0.952		0.259	-0.258
過激な感じ					1		0.205	-0.237
おとなしい感じ							0.234	-0.279
ファッション感度が高い							0.445	-0.394
年齢に関係なく着られる							0.084	-0.534
子どもっぽい						…	-0.713	**0.513**
安っぽい							-0.494	-0.025
こだわりを感じる							0.102	-0.065
流行遅れな感じ							-0.308	0.183
大人っぽい							1	-0.594
女の子っぽい								1

少し統計的な表現で説明すると、複数の要素間の相関関係をベースに評価項目全体をわかりやすく集約し、二次元上に表現するということです。要するに、いろいろな評価項目をまとめて総合的に判断するということです。

実際に、そのプロセスと結果を見てみましょう。

主成分分析の考え方③　解釈は分析者の意のまま

まず、14の評価項目について、それぞれの項目間の関係を調べるのに、「相関行列」を使います。**図表2－5**の相関行列表における数値は、タテヨコの項目の関係の強さを表しています。たとえば、太字の数値0・513は、女の子っぽい印象と子どもっぽさとの関係の強さを表しており、1に近いほど正の相関が強いと読み取れます。

こうしてそれぞれの評価項目間の関係の強さを計算したうえで、「固有値」と「寄与率」を計算します（**図表2－6**）。

固有値はデータのバラツキ（分散）の大きさを示し、寄与率は情報の集約度を百分率で表現したものです。図表の寄与率を見てください。

この場合、一番左側の列（これを第1主成分といいます）は、評価項目全体に対して約32％の情報を集約しているという意味です。2番目、3番目と右へいくほど列の

2-6 第1主成分に、もっとも多くの情報が集約される

	第1主成分	第2主成分	第3主成分		第13主成分	第14主成分
高級感がある	0.31298	-0.06654	**0.39596**		-0.3091	-0.2065
定番的である	0.30401	**0.30903**	-0.251		0.42064	-0.43405
トラディショナルな感じ	**0.41682**	0.01724	0.19118		0.46731	0.54771
セクシーな感じ	-0.05422	-0.4413	-0.32605		0.02156	0.27355
過激な感じ	-0.07939	-0.43307	-0.29561		0.02861	-0.05677
おとなしい感じ	0.27335	**0.32082**	-0.02119		-0.02275	0.13523
ファッション感度が高い	0.20439	-0.3347	-0.1054		-0.122	0.18412
年齢に関係なく着られる	0.28968	0.29983	-0.20959	……	-0.58159	0.34751
子どもっぽい	**-0.34806**	0.20031	0.05129		-0.26014	-0.05355
安っぽい	-0.17003	0.27198	**-0.41244**		-0.05452	0.02847
こだわりを感じる	0.11004	-0.21415	0.33786		-0.03998	-0.28563
流行遅れな感じ	-0.16626	0.05571	0.24181		-0.01903	0.18608
大人っぽい	**0.35071**	-0.21371	0.00117		-0.27618	-0.16903
女の子っぽい	**-0.3368**	0.06242	**0.38618**		0.07295	0.26365
固有値	4.54395	3.74835	1.81568		0.03015	0.01421
寄与率	0.32457	0.26774	0.12969		0.00215	0.00101
累積寄与率	0.32457	**0.59231**	0.722		0.99899	1

第2主成分までで全体の6割近い
情報が集約されている。

2-7a 彼女たち「らしい」ブランドはどれ？

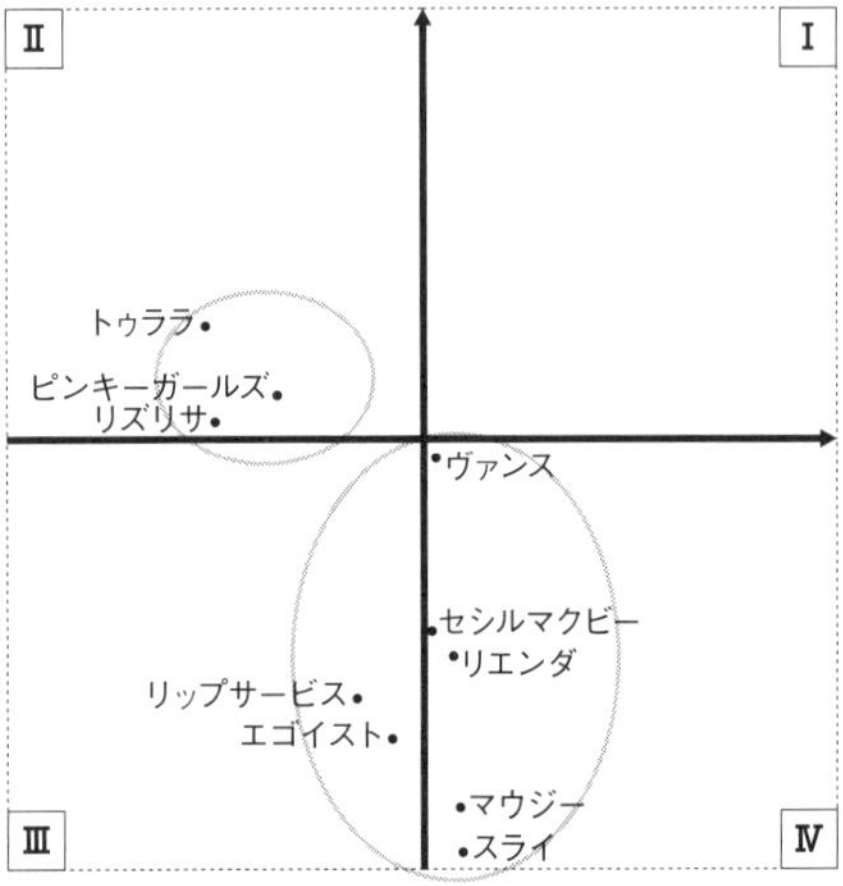

第1主成分（ヨコ軸）
×
第2主成分（タテ軸）

ヨコ軸は左にいくほど「子どもっぽい&女の子っぽい」を、右にいくほど「トラディショナル&大人っぽい」を表し、タテ軸は上にいくほど「定番的&おとなしい」を、下にいくほど「過激&セクシー」を表す。

2-7b より「視界」のよい組み合わせを探す

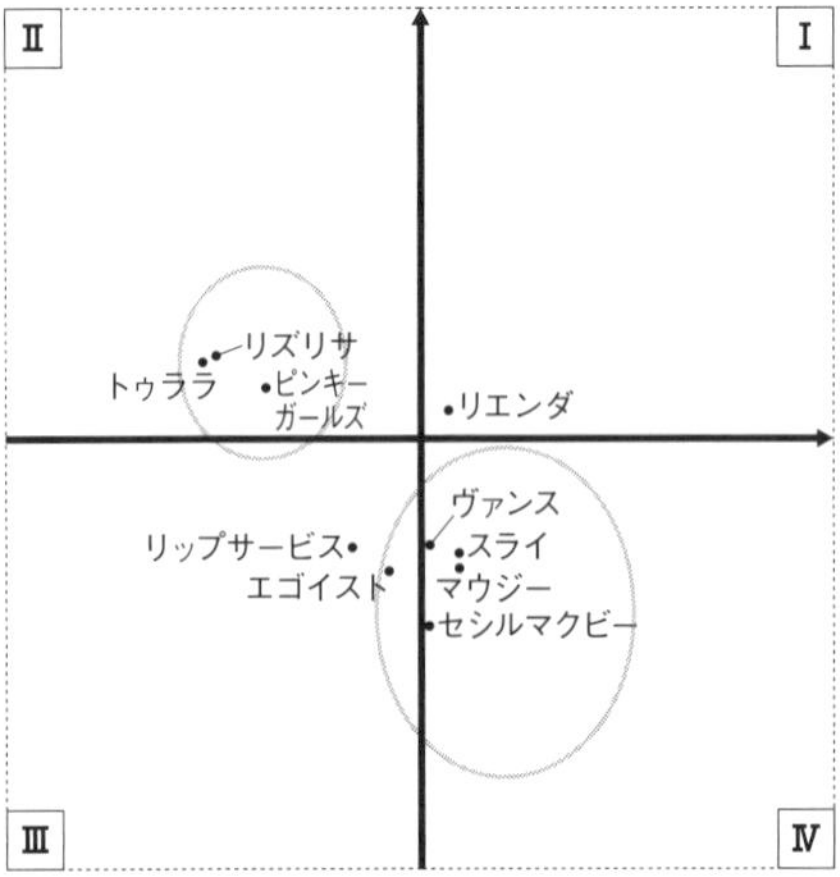

第1主成分（ヨコ軸）
×
第3主成分（タテ軸）

ヨコ軸は左にいくほど「子どもっぽい&女の子っぽい」を、右にいくほど「トラディショナル&大人っぽい」を表わし、タテ軸は上にいくほど「高級感&こだわり」を、下にいくほど「安っぽい&セクシー」を表す。

情報量は少なくなります。より情報量の多い列（主成分）を使って分析を行うのが主成分分析の正攻法です。

すなわち、もっとも多くの情報が織り込まれている一番左の列（第1主成分）を総合的な評価として扱い、そのうえで、より視界が開けるよう他の成分をタテ軸に当てていくのが、一般的な主成分分析の手順です。このように成分、つまり軸を変えていく作業が、前述した「軸を回転させる」ということの意味です。

もっとも多くの情報が集約された第1主成分をヨコ軸に固定し、左から2番目の列（第2主成分）をタテ軸に設定した見え方と、3番目の列（第3主成分）をタテ軸とした場合の見え方の違いは、**図表2-7ab**

2-7c ほかの主成分同士も組み合わせてみる

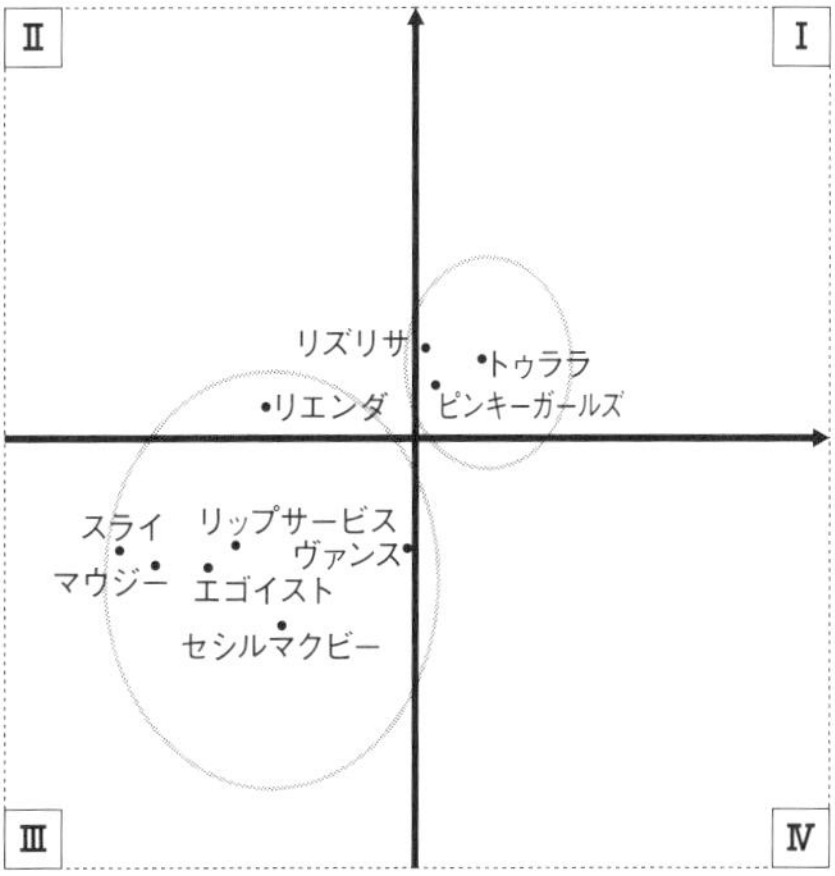

第3主成分（ヨコ軸）
×
第2主成分（タテ軸）

ヨコ軸は左にいくほど「安っぽい&セクシー」を、右にいくほど「高級感&こだわり」を表わし、タテ軸は上にいくほど「定番的&おとなしい」を、下にいくほど「過激&セクシー」を表す。

のとおりです。

それぞれの軸の解釈は、次のとおりです。

第1主成分の軸（ヨコ軸）は、プラス方向にいくほどトラッドで大人っぽく、高級なイメージ、マイナス方向へいくほど子どもっぽく、女の子っぽい感じとなります。2番目の列（第2主成分）をタテ軸とした場合は、プラス方向にいくほど定番的でおとなしい感じのイメージ。3番目の列（第3主成分）の軸をタテ軸とした場合は、プラス方向にいくほど高級感があって女の子っぽいイメージです。

新たな視点で差別化する

それでは、成分の組み合わせ方による見え方の違いについて、少し詳しく見てみましょう。

第1主成分をヨコ軸にとり、第2主成分をタテ軸に組み合わせた**図表2-7a**を見てください。スライ、マウジーはヨコ軸の中心あたりに位置しているので、まさに典型的なマルキューブランドといえるでしょう。

これらは、彼女たちみんなにとってマルキュー系アパレルを象徴するブランドであると受け止められています。タテ軸においてはマイナス方向にあるので、ファッション感度が高く、セクシーで過激なブランドと認識されています。

一方、リズリサやヴァンスはセクシーさや過激度という意味では中立です。ヨコ軸を見るとリズリサはより女の子っぽく、かつ子どもっぽく見られていて、ヴァンスはセクシーさは劣るものの、いかにも「マルキューらしい」ブランドと評価されています。

個々のブランドのイメージについては、図をご覧いただきながら解釈していただくとして、大事なことは第1主成分と第2主成分の組み合わせ（**図表2－7a**）のほうが、第1主成分と第3主成分の組み合わせ（**図表2－7b**）よりブランド間の重なりが少ない、つまり、視界がよいということです。

第2主成分と第3主成分の組み合わせ（**図表2－7c**）も、それぞれの特徴がはっきりと差別化されていますが、前述したようにできるだけ多くの情報量を使って視界のよい場所を見つけ出すほうが、説得力があるといえるでしょう。

このように、同じカテゴリーとして認識されるマルキュー系ブランドも新たな視点を設定することで差別化できます。また、軸の設定の仕方によって「同じ」の範囲や意味づけが変わってくることもご理解いただけたと思います。

とはいえ、リズリサ系のブランド（トゥララもリズリサと同じ会社のブランドです）

とピンキーガールズを除くと、やはりマルキュー系ブランドはどの視点に立っても非常に近い位置にポジショニングされるようです。まさにマルキュー系ブランドの面目躍如といったところでしょうか。

第3章

「違うもの」のなかに同じところを見つける

見えない本質を浮き彫りにする方法

規模も業態も異なる企業10社にどんな共通点があるのか?

いったい顧客はどこにいるのか

前章では「同じもののなかに違いを見つける方法」(主成分分析法)についてお話ししましたが、この章では、逆のアプローチを考えてみます。すなわち、「違うもののなかに同じところを見つける方法」です。

一つひとつ異なる個体からそれぞれに共通する要素を見つけ出し、類似度の強さによって似たもの同士のグループをつくってみます。統計では、似たもの同士として分類されたグループのことを「クラスター」といい、この方法を**「クラスター分析」**と呼びます。

クラスター分析は、マーケティングや商品開発の現場では馴染みのある分析法で、消費者調査から新製品のターゲットイメージを導く場合などに使われます。「ターゲットイメージを導く」とは、「この製品の購入が期待できるのはどのような人たちで、どこにどのくらいいるのか」を明らかにすることです。クラスター分析は、このような分析課題に対して大変有効です。

製品の購入を例にとって手順を要約すると、次のとおりです。

まず製品についてのニーズ調査を行い、そのデータから「似たもの同士」を判定する情報を選定します。この場合の「似たもの同士」とは「同じレベルで製品をほしいという気持ちがある消費者」です。つまり、当該製品に関する受容度の強さを年齢などの属性や購買行動の特性などによって分類し、ニーズの強い消費者のグループを特定していきます。

製品の購入可能性を決める要件は、どんな製品であるかによって大体想像がつきます。一人暮らし用の家電製品なら、同居家族の有無や住まいの形態など暮らし方に関わる条件がニーズの強さを決定するでしょうし、スポーツ用品であれば、競技経験の有無や余暇の過ごし方などが購入動機の背景になるでしょう。

しかしながら消費者の購買意欲は、複数の条件の重なり合いから生まれます。いくら機能が魅力的でもデザインや大きさがネックになる場合もあるし、価格が購入を躊躇させることもあります。一方で、単純に広告イメージへの共感やブランドキャラクターに惹かれて購入する場合もあるでしょう。

したがって調査では、製品に関連した質問だけでなく、年齢、性別、職業、収入といった基本情報のほか、ライフスタイルや生活価値観に関する質問など、消費者の生活行動や経済活動の特徴がきめ細かく抽出できるような設問を加えます。

こうして、最初に個々の消費者を特徴づけるさまざまな情報を収集し、そのうえで製品受容との関連性やニーズの強さにおける類似性を検討しながら段階的にグルーピングしていきます。

クラスター分析（階層型クラスター分析）の結果は、**図表3－1**のように樹形図として表されます。こうすることで、製品のターゲットイメージやそれぞれのクラスターがもつ特性に対応した販促手法が検討できるようになります。

似たもの同士を見つける方法

では、「似たもの同士であること」をどのように判定していくのでしょうか。

「マルキュー系」を例にとった前章の主成分分析では、「相関」という考え方が基礎となりました。一方、クラスター分析では、

3-1 クラスター分析の結果は樹形図で表される

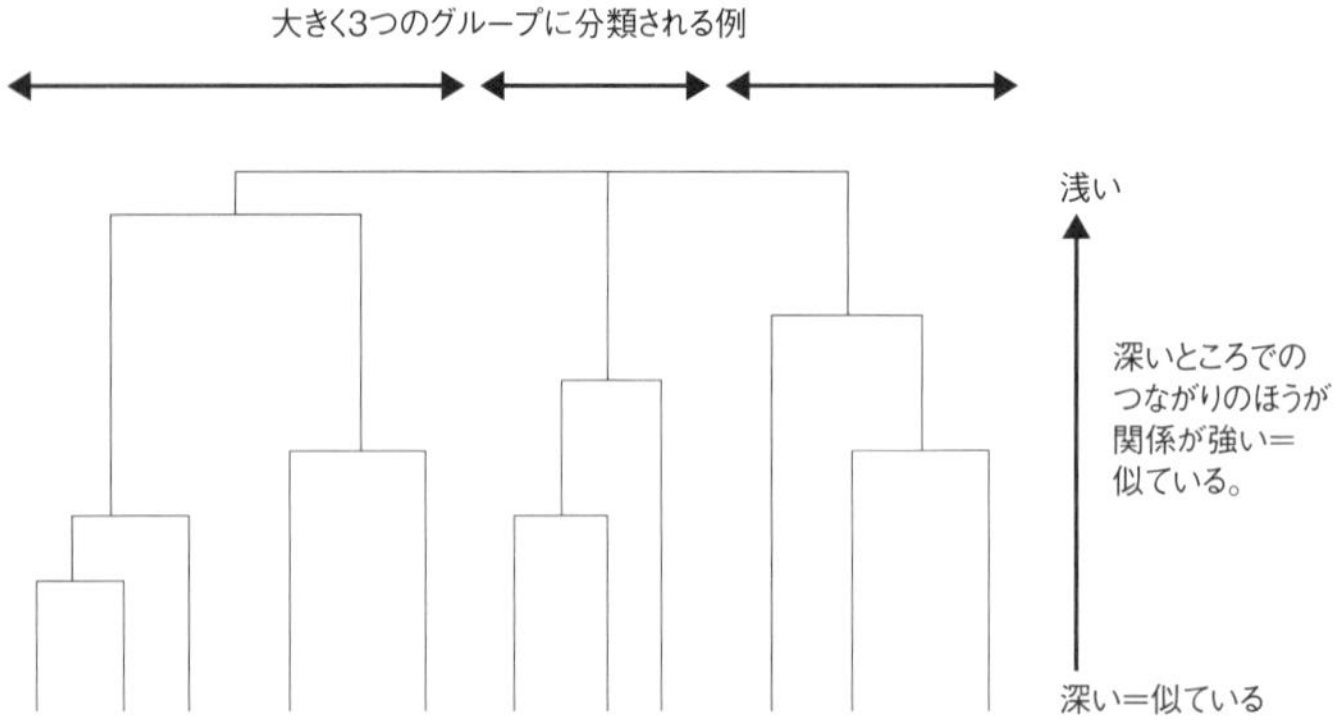

個体は似ているほど「距離が近い」という考え方をとります。距離が遠いほど数値は大きくなる（似ていない）ということです。クラスター分析では「距離＝非類似度」を手がかりに分析していきます。

似たもの同士を判定するための距離をどうはかるか。じつはここが難しいところで、その計算式の説明は省略しますが、考え方は比較的シンプルです。

図表3－2をご覧ください。ある高校の二年一組の9人の生徒の期末試験における数学と国語の点数をプロットしてみました。

タテ軸は数学Ⅰ、数学Ⅱの得点の合計点です。数値が大きいほど理系力が強いということです。ヨコ軸は現代文と古典と漢文の合計点で文系力を示しています。

この図の意味するところは一目でおわかりかと思いますが、ここはきちんとクラスター分析の手順を踏みながら考えてみましょう。

まず、湯川くんと利根川さんは明らかに理系力が強く、その対極にあるのが理系力ゼロ、文系力満点の夏目さんです。斉藤くんや高橋さんは数学も国語も得意ではありません。そのほかの人たちは中間ぐらいに位置しています。

では、彼らの勉強力の違いを距離で考えてみます。

湯川くんと利根川さんは明らかに近い、つまり類似度が高いので、このグループは

3-2 文系力 (＝ヨコ軸) ×理系力 (＝タテ軸) で9人をプロットする

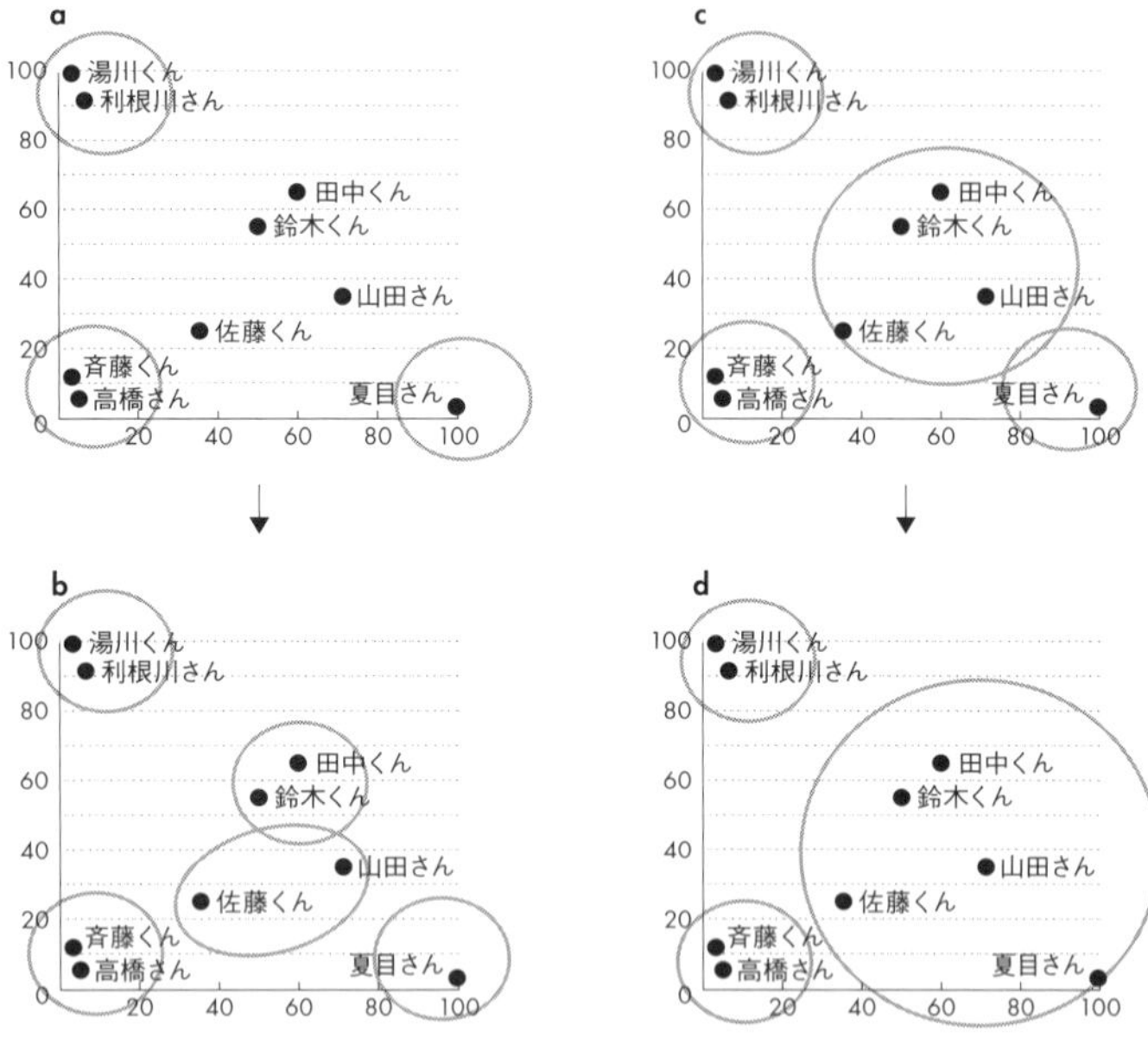

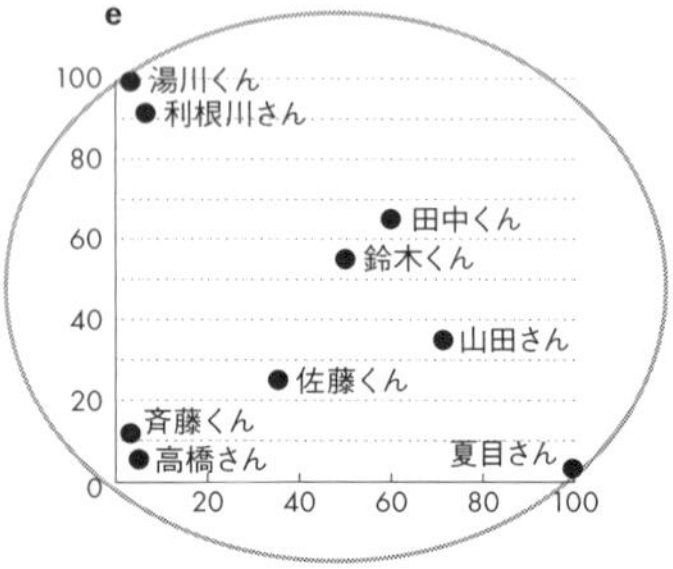

湯川くんと利根川さんは理系力が強く、その対極にいるのが文系力がもっとも強い夏目さん。斉藤くんと高橋さんは理系力も文系力も弱く、ほかの人たちは中間に位置している。距離が近い同士で分類していき (a〜d)、これ以上分けられないところ (e) で分析は終わる。

一つのクラスターと考えて差し支えないでしょう。ここからもっとも遠いところにいるのが夏目さん、次に斉藤くんと高橋さんのグループです。もっとも遠いということは、類似度がもっとも低いということなので、夏目さん、斉藤くん・高橋さんグループもそれぞれが一つのクラスターを形成しているといえます。

　このように個体間とクラスター間の距離を計算しながら、最終的にこれ以上クラスター分けができないというところ、つまり、「一年一組」というクラスター（5番目のe図）で分析は終わります。

　これを樹形図として表現したのが**図表3-3**です（樹形図はタテヨコどちらで表してもけっこうです）。

3-3「階層型クラスター分析」で9人を類型化する（Ward法）

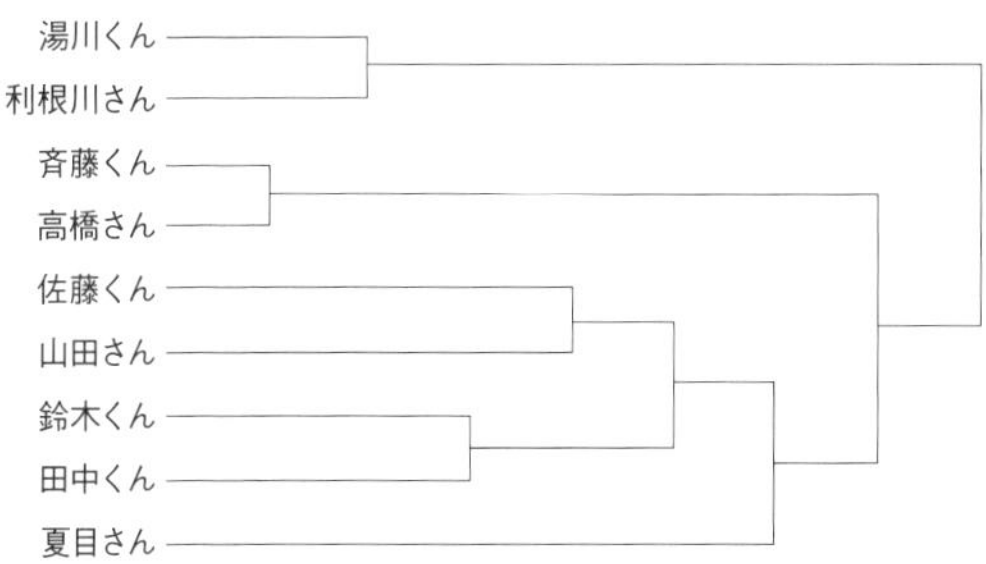

二年一組は突出した才能をもった学生が多いクラスですが、一目でわかる最初の三つのクラスター（湯川くん・利根川さん、斉藤くん・高橋さん、夏目さん）はともかく、問題は比較的バランスのとれた鈴木くんや山田さんの解釈です（**図表3－2a**）。距離の測り方やクラスター間の結合を計算する方法は複数ありますが、どの方法を採用するかによって分析の結果が変わってきます。

たとえば、**図表3－2b**では佐藤くんは山田さんと同じクラスターと分析されましたが、別の方法では鈴木くんと同じクラスターに分類される可能性もありますし、高橋さんたちと同じクラスターと認識されるかもしれません（**図表3－2c**）。つまり、正解というものはなく、どの方式を採用するかという問題は、どう解釈したいかという問題でもあるということです。

もう一歩踏み込んで、より正確に二年一組の生徒を分類したいのであれば、体育や保健、あるいは歴史や地理などの成績に関する情報も必要でしょう。一方、さまざまな情報が入るほど、湯川くんと利根川さんの距離が遠くなっていく可能性があるし、高橋さんと斉藤くんはまったく違うグループに分類されるかもしれません。

どういう条件で分類を考えるか、どんな方式を採用するかによって分析の結果が異なります。したがって、クラスター分析では分類の目的を明確にすることが何よりも大切です。

小売業10社に共通点を見つける

実際の数値データを使ってクラスター分析を行ってみましょう。

分析対象は小売業です。

はじめに分析の目的を明確にします。何を明らかにしたいのかによって分類のプロセスが変わりますから、狙いを絞り込むことが大切です。

たとえば、「特定の市場において、同じような事業を展開する企業間で成長力や収益力に差が生じるのはなぜか」「企業の競争優位を決定づける要因は何か」というような課題を設定した場合は、売上伸び率や利益率との関連づけで情報を整理し、似たもの同士をグルーピングしていくことになります。

ここでは、あえて異なる製品を販売する小売業を選定してみました。会社の規模もバラバラです。製品条件や企業の規模といった基本条件を排除し、成長性や収益性といった指標も除きました。どんな製品を扱っているのか、儲かっているのかという情報もすべて外して、業態や事業構造の視点から似たもの同士をくくることができるのかどうか、試してみます。

使用した指標は**図表3－4**のとおりです。網かけのない指標は本分析では使いませんが、一般的な分析ではこれらの指標を含めることが多いため、参考としてあえて載せました。

さて、どの情報、どんな数値データで個体間の特徴づけを行うのか。ここが分析においてー番大切なところです。

こうした情報を統計用語で「変数」と呼びます。分類に用いる変数に何を採用するかによって、分析の品質が決定されるといって過言ではありません。ですから、製品や市場の特性、あるいは産業構造や業態のあり方などを想定しながら、丁寧に情報を選定します。分析目的と情報との関連性は、分析プロセスを通して何度も検証、修正を繰り返してください。情報の種類や組み合わせを変えながら、クラスター間のつながりをチェックしていきましょう。

「当たり」をつけるのはよいのですが、「決めつけ」はいけません。予断や常識にとらわれると凡庸な成果しか得られません。作業をショートカットするなどの「横着」も新たな発見を遠ざけます。いろいろな組み合わせを試しながら、最適な解を探し出していくことが分析の醍醐味です。しつこく繰り返していけば、やがて新たな気づきとともにストンと腑に落ちるグルーピングが完成されるはずです。

企業間の距離を測る

では、実際にやってみましょう。

対象企業は、ゼビオ（スポーツ用品）、しまむら（婦人衣料）、ケーヨー（ＤＩＹ）、キャンドゥ（百円ショップ）、新星堂（ＣＤ・書籍）、ユナイテッドアローズ（セレクトショップ）、青山商事（紳士服）、マミーマート（食品スーパー）、サンドラッグ（ドラッグストア）、そして、コジマ（家電量販店）の10業種10社です。

分析の変数として使用した情報（表中の網がかかっている太字の指標）の意味を簡単に説明しておきましょう。

小売業のビジネスモデルの基本は、「いくらで仕入れて、いくらで売るか」です。したがって、「原価率」は業態や扱い製品を考えるうえでたいへん重要な指標となります。自社で生産部門をもっている企業やプライベートブランド比率の高い企業、あるいは企業規模が大きく販売力の強い企業は当然、原価率を抑えることができます。

つまり、原価率は個々の小売業の特徴が反映されやすい数値であり、今回の分析においてもとくに注目すべき指標だといえます。

「在庫回転率」や「１㎡あたり売上高」は、製品単価や製品の購入頻度などに影響されます。一般に、日用品や食料品の数値と高級品や嗜好性の強い製品の数値は、逆の傾向を示します。また、店舗オペレーションを考えるヒントは、従業員関連の指数や「賃料比率」などで、「広告宣伝費率」や「ポイント引当率」は販促方法のあり方を考える材料となります。

分析に際しては、このようにそれぞれの変数がもつ意味と数値から読み取れる仮説を検討し、あらかじめ変数として使用する情報の意味を書き出しておくと便利です。そのうえで対象となる企業間の距離を計算し、近くにある個体間を結びつけ、段階的にクラスターをつくりながら全体像を把握していきます。

意外な企業に共通点が見つかった

各指標に関する10社の数値を使って、クラスター分析をした結果は**図表3－5**のとおりです。どうしてこのような結びつきになったのか、説明していきましょう。

ご覧のとおり、スポーツ用品専門店のゼビオと婦人衣料のしまむらがもっとも距離が近く、10社のなかで一番深い階層でクラスターを形成しました。そこで本分析では、ゼビオの数値を基準値として他社を比較していくこととします（**図表3－6**参照）。まず、ゼビオとしまむらの2社について考えてみましょう。

3-4 小売業10社の分析に使用する指標

売上高	**売掛債権回転月数**
営業利益額	**在庫回転率**
対前期比売上高伸び率	**1店舗あたり売上高**
対売上高原価率	**1店舗あたり売場面積**
対売上高販管費率	**1㎡あたり売上高**
対売上高広告宣伝費率	1店舗あたり営業利益額
対売上高賃料比率	**従業員1人あたり売上高**
対売上高人件費率	**対従業員正社員比率**
対売上高営業利益率	**対販管費ポイント引当率**
対売上高海外売上比率	従業員平均勤続年数

網のかかった太字が、今回の分析において使用した指標。

3-5 段階的にクラスターをつくって全体像を把握する (Ward法)

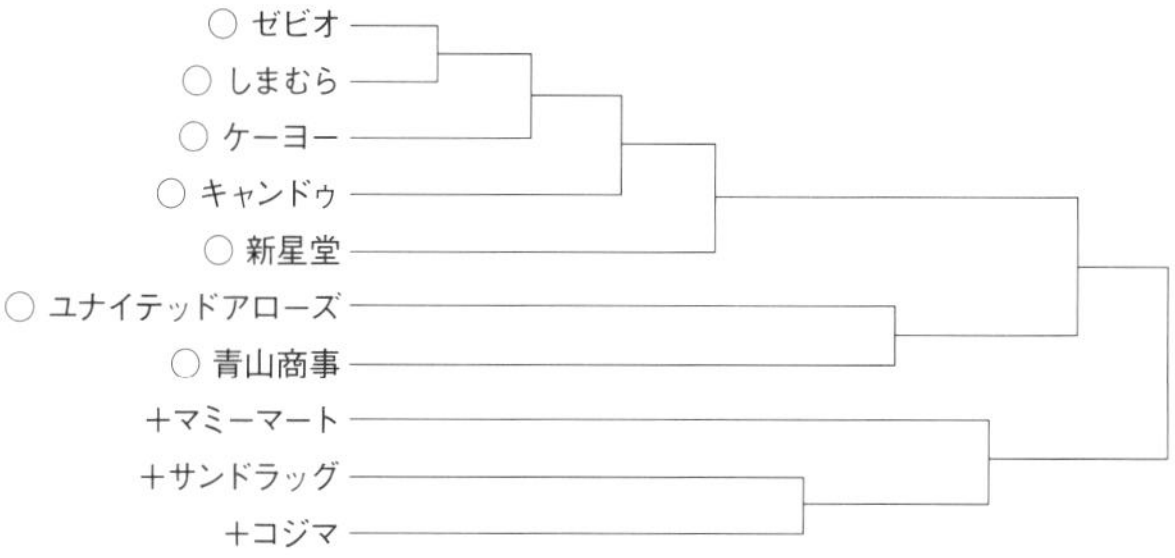

この2社の事業スタイルの特徴は、業界屈指のバイイングパワーに裏打ちされた仕入れ力と品揃え力です。アイテム数も多く、郊外展開から始まった点も似ています。

次に、ここにDIYのケーヨーが加わりました。ケーヨーがこのクラスターと似ていると判断されたのは、「広告宣伝費率」や「1㎡あたり売上高」「従業員1人あたり売上高」といった販促方法と営業生産性に類似度が認められたからです。

また、ゼビオ・しまむらのクラスターに比べると類似度は低いものの、都心型の高感度セレクトショップを展開するユナイテッドアローズと、スーツ中心の店づくりで郊外を主戦場とする青山商事（洋服の青山）が同じクラスターとして判定されていま す。

この2社はファッション市場におけるポジションやマーチャンダイジング戦略に大きな違いがありますが、「正社員比率」「従業員1人あたり売上高」「売掛債権回転月数」などの数値が類似しています。直営店販売を主力とするSPA型（製造小売）衣料品販売業に共通した特徴が、経営指標に反映されているといえるでしょう。

キャンドゥは、「ゼビオ・しまむら＋ケーヨー」型クラスターに百円ショップの特性、つまり、「在庫回転率」が高いという要素が加わり、店舗運営コストの効率化をさらに徹底させた業態と理解できます。

3-6 ゼビオを基準とした場合の各社の数値（部分）

	ゼビオ		しまむら	ケーヨー	キャンドゥ	サンドラッグ	コジマ
	決算期：平成25年3月		平成25年2月	平成25年2月	平成24年11月	平成25年3月	平成23年3月
	実数	基準値					
対売上高原価率	0.61	1.00	1.10	1.19	1.03	1.26	1.28
対売上高販管費率	0.31	1.00	0.76	0.82	1.07	0.54	0.61
対売上高広告宣伝費率	0.03	1.00	0.91	0.97	0.00	0.35	0.47
対売上高賃料比率	0.07	1.00	0.69	1.02	1.45	0.54	0.44
対売上高人件費率	0.09	1.00	1.00	0.89	0.48	0.63	0.60
売掛債権回転月数	0.17	1.00	0.28	0.85	0.45	5.32	3.10
在庫回転率	4.14	1.00	3.73	1.29	2.77	2.12	2.09
1店舗あたり売上高	492.83	1.00	0.56	1.99	0.22	1.16	4.32
1店舗あたり売場面積	1470.94	1.00	0.69	2.92	0.24	0.13	2.04
1㎡あたり売上高	0.34	1.00	0.81	0.68	0.90	8.60	2.12
従業員1人あたり売上高	29.93	1.00	1.22	1.04	0.56	1.94	2.54
対従業員正社員比率	0.20	1.00	0.82	1.31	1.11	2.43	3.62
対販管費ポイント引当率	0.02	1.00	0.00	0.00	0.00	2.16	1.79

※コジマは決算期変更があったため、直近の通期決算期を使用。
※ケーヨー、サンドラッグ、コジマの1店舗あたり売場面積は、当社推計値で計算。

新星堂は、キャンドゥの次の階層レベルでこのクラスターに加わりますが、再販制度（定価販売）という経営条件が各種の経営指標に矛盾となって現れているように感じます。「1㎡あたり売上高」はゼビオの倍を確保しているものの、「1人あたり売上高」はゼビオの約半分、百円ショップのキャンドゥと同水準です。

書籍や音楽ソフトの流通チャネルが大きく変わり、店舗オペレーションと原価のバランスが崩れているなか、ビジネスモデルそのものの再構築に向けて苦労している様子がうかがえます。

一方、ドラッグストアのサンドラッグと家電量販のコジマが同じクラスターで、もう一段階浅いレベルになるとはいえ、食品スーパーのマミーマートもここに結びついています。この結果を意外に感じた読者も少なくないと思います。

コジマとサンドラッグは扱い品目がまったく違い、店の規模や立地も異なります。ところが、この2社の「原価率」は他社と比べて突出しており、「1㎡あたり売上高」や「従業員1人あたり売上高」も他社に比べると相対的に高いのです。

「在庫回転率」もゼビオや青山商事の2倍程度の数値で、「ポイント引当率」の高さもこの2社は共通しています。製品はまったく異なりますが、店舗オペレーションの本質において似ている要素を多分にもっているといってよいでしょう。

「売掛債権回転月数」が比較的長い点も両社の特徴です。平均単価の高い家電製品を扱うコジマは、クレジットカードの決済比率が高いことが要因だろうと推定できます。一方のサンドラッグは、健康保険組合向けの債権をもつ調剤部門の収入構造が数値に反映されているものと推察できます。

他の小売業に比べて債権回収期間が長い点で共通する2社ですが、その原因はまったく異なります。つまり、この2社の業態上の類似度をこの指標で判断するのは相応しくないということもできます。とはいえ、企業経営におけるキャッシュフローの重要性を考えると債権回収に関わる情報は必須であり、この意味において似ているという判断も適切です。

クラスター分析ではこうした点に注意を払う必要があります。分析結果を解釈する際には、それぞれの分析対象がもつ特性を事前に詳しく調べておくとともに、数値の背景となる外部環境や制度について理解を深めることが大切です。

ビジネスモデルの本質を見抜くために

最後に、マミーマートについて考えてみましょう。

「在庫回転率」の圧倒的な高さや売掛債権の回収期間の短さは、まさに日々の生活に直結した食品小売業の商いの姿であり、他のどの会社とも一線を画します。

とはいえ、原価率が非常に高く、売上高に対する販管費の水準もサンドラッグやコジマと同様のレベルにあります。また、「ポイント引当率」が高いことも、この2社と似ているると判断した要因の一つです。

ただ、店舗オペレーションや販促手法において少なからず似ている面はあるものの、階層的にはずいぶん浅いレベルのクラスターであり、似たもの同士と結論づけるにはやや無理があるかもしれません。コジマとサンドラッグの類似性についてはなんとか解釈してみましたが、これだけの情報では納得できないという読者も少なくないと思います。同意します。

マミーマートも含め、これら三つの個体間の距離はあまり近くないと言い直すことにします。やはり、小売業は扱う製品の需要特性や顧客の購買行動、そして、産業構造や競争環境によってビジネスモデルのあり方が異なると理解すべきでしょう。

しかし、こうした違いを見極めるためにも似たもの同士を探っていくプロセスは有効です。表面上は覆い隠されているビジネスモデルの本質を見抜くためにも、クラスター分析的な発想はおおいに役立つことがご理解いただけたかと思います。

第4章

「全体」から「小さい全体」をつくる

母集団を正しく代表させる標本のつくり方

民間企業が企画した「里山保護」は社会に受け入れられるか?

「母集団」と「標本」について考える

第4章では、「〝誰〟に〝みんな〟を代表させるか」という問題を考えてみます。

統計では〝誰〟のことを「標本（サンプル）」、〝みんな〟のことを「母集団」と呼びます。統計の入門書では、〈母集団と標本〉とか〈標本抽出法と母集団推定〉などといった見出しで、最初に理解しておくべき基礎の基礎として扱われます。

本書は必ずしも第1章から順番に読まなければ先に進めないといったタイプの本ではありませんが、第2章、第3章と読み進んできた読者のなかには気にかかっている方もいらっしゃるのではないかと思います。

「同じものとして扱うことができる複数の個体間に違いを見つける」「違うものとして認識される複数の個体のなかに似ているところを見つけ出す」といったとき、同じものとはどこまでの範囲において定義しているのか？　違うものとはどのような全体のなかで違うものとして扱っているのか？　なんとなく読み流してきたけれど、ちょっと立ち止まって考えてみて、不確かな前提で話が進んでいることに座り心地の悪さを感じた読者もいるでしょう。

この話題は一般の人にとって馴染みがないうえ、説明が回りくどくなるので本書では触れたくなかったのですが、やはり避けることはできないようです。この章では、母集団と標本について考えることで、世の中の多様な事象を効率よく整理するとともに、多様な個体から全体像を浮かび上がらせるプロセスを考えていきたいと思います。

今、里山が注目されています。里山とは、都市と原生自然の中間くらいにあって、田んぼや雑木林などが集落と共生する豊かな生態系のことをいいます。

その里山の生物や景観を保護するための取組みが、公私の垣根を越えて広がりつつあるなか、ある大手企業のＣＳＲ室が里山保護活動を企画しているものと仮定してみましょう（ＣＳＲ＝企業の社会的責任）。

ＣＳＲ室では、この事業を企画するに際して、里山保護に対する一般の人の考え方を調査し、事業の詳細を検討するとともに、株主に対して事業の価値をきちんと説明する必要があると考えました。また、里山保護の活動を一民間企業である同社が行うことについて社会はどう評価するのか、正確に測定したいと考えました。

まず、同社の営業基盤である関東地方の人たちを対象にアンケートを行うことにしたのですが、ここで誰に回答してもらうかについて議論が起こりました。

同社の主力商材は住宅用の設備機器ですから、製品の購入単位は個人ではなく世帯です。マーケティング部から異動になったばかりの女性課長は、「社会貢献といっても、企業としてはＣＩ戦略や広報活動の効果が期待されているのだから、調査は当社の顧客である世帯を対象とするべきです」と主張しました。

これはある意味で当然の主張です。ただし、注意しなければならない点があります。それは、誰に世帯の意見を代表させるか、です。

はじめに全体（母集団）を決める

たとえば、ある標準世帯がこの会社の主力製品であるエコタイプの床暖房システムの購入を検討していると仮定してみましょう。暖房システムの恩恵を受ける受益者（ユーザー）はご夫婦とお子さん二人、それに三毛猫を合わせた世帯全員です。でも、お父さんは会社にいる時間が長いし、お母さんは機能的にはこれまでの暖房で満足しています。二人のお子さんは冬でも元気一杯です。とすると、このシステムから一番恩恵を受けるのは、ペットの三毛猫かもしれません。

一方、光熱費の削減に魅力を感じるのは専業主婦であるお母さんであり、彼女は家計の支出決定に絶大な権限をもっています。でも、購入費用となる冬のボーナスを稼いでくるのは、新しモノ好きのお父さんです。

もしも、このアンケートが住宅設備機器の購入意向調査であれば、回答単位は世帯でよいでしょう。しかし、この家族の場合、ご夫婦のいずれを世帯の代表者とみなすべきかという問題が残ります。

一般にこうしたアンケートでは、「世帯全体のご意見としてご記入ください」などと注記しますが、家族でよくよく話し合ったうえでアンケートに回答することなどまったく期待できません。そこで、「購入判断は夫婦二人の意見が一致することが前提となる」などの注釈を入れたうえで、「購入意向あり」との回答を得た場合も二分の一の確率に割り引いて考えるのが賢明です。

では、今回もそうすべきでしょうか。

先ほど、課長の発言を「ある意味で当然の主張」と書いたのは、この会社は世帯を顧客単位としており、常に顧客視点で物事を考える癖がついているマーケティング部出身の課長であれば自然な発想である、という意味です。

ただし、今回のアンケートはあくまで「里山」に対する意識調査であり、自然の生態系や景観についての考え方は、個人の経験や価値観によります。やはりこの場合は世帯ではなく個人を標本の単位にすることが妥当ではないでしょうか。

こうして、母集団は「関東地方に居住する15歳以上65歳未満の個人」に決定されました。なお、15歳以上65歳未満というのは生産年齢人口を指します。

全員を調べることはできない

さて、母集団が決まったので、実際にその規模はどのくらいなのか調べてみることにしました。

調査対象範囲は関東地方なので、関東1都6県の生産年齢人口を総務省のデータでチェックしたところ、男性1430万9千人、女性1355万7千人、合計2786万9千人。これが本調査の母集団、つまり全体です（**図表4－1**）。ちなみに、日本全体の生産年齢人口は8017万5千人ですから、関東地方の生産年齢人口（今回の母集団）は日本全体の35％の大きさです。

ところが、ここでCSR室長から重大な決定がメンバーに伝えられました。役員会で調査の予算が大幅に減額されたのです。当初は1万人規模の大調査を考えていたのですが、この予算ではせいぜい500サンプルしか集めることができません。

メンバーは当惑しましたが、そもそも統計的な考え方には「全員を調べることはできない」ことが出発点にあります。ですから心配には及びません。

女性課長は、マーケティング部時代に消費の実態や動向を知るために頻繁に活用

4-1 母集団の規模を調べる

		茨城県	栃木県	群馬県	埼玉県	千葉県	東京都	神奈川県	母集団総計
【男女計】	0〜14歳	388	263	267	940	791	1,494	1,178	
	15〜64歳	1,855	1,266	1,229	4,687	3,966	8,924	5,942	**27,869**
	構成比	7%	5%	4%	17%	14%	32%	21%	100%
	65歳以上	701	463	496	1,585	1,437	2,812	1,948	
	うち75歳以上	335	228	246	663	627	1,347	880	
【男】	0〜14歳	199	135	137	482	406	764	602	
	15〜64歳	957	654	628	2,407	2,027	4,565	3,071	**14,309**
	構成比	52%	52%	51%	51%	51%	51%	52%	51%
	65歳以上	312	200	216	723	650	1,206	869	
	うち75歳以上	131	86	95	273	256	521	356	
【女】	0〜14歳	189	128	130	458	386	730	575	
	15〜64歳	898	612	601	2,280	1,938	4,358	2,870	**13,557**
	構成比	48%	48%	49%	49%	49%	49%	48%	49%
	65歳以上	389	262	280	862	787	1,606	1,079	
	うち75歳以上	205	142	151	390	371	826	524	

（単位　千人）（2012年10月1日現在／総務省調べ）

した家計調査のことを思い出しました。マーケティングの現場で重宝される総務省の家計調査でさえ、学生の単身世帯を除く全国の総世帯約5018万世帯をわずか9000世帯に代表させています。課長は、統計的な技術を駆使して予算削減の現実を乗り越えようと考えました。

第3章の「二年一組」を思い出してください。

学校の1クラス程度の母集団であれば全員の意見を聞けますが、母集団が大きくなるほど、全員を調べるためには膨大な時間と費用がかかります。「全員」を調べる調査といえば、国民全員を対象に実施される5年に1回の国勢調査がありますが、このような大規模な調査は国でなければできません。

最近ではインターネットを使って大量のサンプルを低コストで集められるようになりましたが、こちらは別の意味で代表性の問題が生じます。

インターネットの普及率はすでに高水準にあるとはいえ、回答者はネットにアクセスできる人に限られ、かつアンケートのモニターとして調査会社に登録している人たちです。もちろん、この人たちも本調査の母集団である2786万9千人に含まれていますが、ある条件で規定された共通の特徴をもった人たちと理解すべきです。本調査の母集団とは一致しません。

では、〝誰〟に〝みんな〟を代表させるか――。

地域に暮らすさまざまな人々の考え方を漏れなく、偏ることなく収集し、全体の意見として集約させたいという本調査の趣旨を考えると、どの基準から見ても偏りがない**「無作為抽出法」**を採用するのが適切です。

「無作為抽出法」とは、母集団を正しく縮小させるための標本抽出（サンプリング）の方法です。「無作為」は「ランダム」といい換えたほうがわかりやすいかもしれません。無作為抽出法はランダム・サンプリングともいいます。

ちなみに、「二年一組」のような限られた集団を母集団とする場合、これを「有限母集団」と呼びます。一方、簡単に全数を調べることのできない集団を「無限母集団」と呼び、１万人が一つの目安となります。本調査の母集団は無限母集団です。

全体（母集団）を正しく縮小させる方法

５００人という標本に「全体」と同じ性質をもたせるには、全体から偏りなく５００人を選び出す必要があります。その方法を一つの例で説明しましょう。

アメリカのポップアートの代表作の一つに、アンディ・ウォーホルの「２００個のキャンベル・スープ缶」という作品があります。キャンベル・スープの缶が２００個

（タテに10個ヨコに20個）整然と並んでいます（ウォーホルのキャンベル・スープ缶を描いた作品には24個、32個、100個など数種類あります）。

　缶の大きさはすべて同じですが、作品をよく見ると、トマト、オニオン、コンソメなどいろいろな種類が混在しています。

　作品を見た多くの人は1種類のスープではないことに気づき、ちょっとした発見に喜ぶものですが、そうなると今度はそれぞれの数が気になってきます。味の種類は21種類もあって、トマトが多いように感じたので数えてみると全部で37缶ありました。並び方に規則性はないようです。

　この場合であれば、200個という有限母集団ですから、その気になれば簡単に数えることができます。でも、もしこの絵が「2億個のキャンベル・スープ缶」という作品で、21種類のスープ缶が計2億個、不規則に描かれていたらどうでしょう。トマト缶が何個あるか数えるのは大変な作業です。こうしたとき、無作為抽出という統計的技術が役に立ちます。

　一番簡単なのは、タテ1万、ヨコ2万のマトリクスにおいて乱数で（ランダムに）タテヨコの番号を振り出して最初の1個を確定させ、その1個から右へ100万個間隔で200個を抽出する方法です。

4-2 乱数表ではランダムに数字が出現する

69	94	71	24	19	15	75	25	23	96	92	30	77	10	74	82	41	88	61	40
5	99	22	79	96	31	24	32	12	44	37	41	56	9	21	74	89	39	70	47
40	24	2	68	82	52	14	62	57	48	23	37	71	83	50	64	21	83	29	45
12	95	92	11	59	87	89	41	91	39	80	55	35	28	79	88	77	6	6	82
24	98	20	64	33	4	67	70	21	96	57	71	51	44	51	45	16	50	89	66
96	63	31	69	8	59	88	37	53	26	93	66	61	24	59	7	66	17	18	90
83	13	80	2	89	10	73	60	12	55	93	53	70	52	55	30	28	78	58	86
42	93	16	82	32	54	6	51	82	83	87	56	65	33	39	81	82	75	25	77
97	60	50	75	24	88	44	9	85	5	53	9	3	30	58	91	13	69	10	86
15	1	76	63	63	29	79	25	100	94	64	77	47	40	60	32	79	23	24	25

乱数表とは、0 から 9 までの数字を規則性なく並べた数表で、無作為抽出法でサンプルを抽出する場合などに用いられる。どこから始めてもランダムに数を拾うことが可能で、どの数字も同じ確率で出現するようにつくられている。たとえば、上から２行目の 10 列目から右に拾っていっても、左方向あるいは上方向、下方向へ拾っていっても無作為な数字を得ることができる。

間隔は、母集団をサンプル数で割って端数を切り捨てた数とします。この方法は「系統抽出法」と呼ばれますが、こうした手順を踏むことで、抽出された200個を2億個の縮図とみなすことができます。

図表4－2は乱数表の例です。乱数表は、数字をまったく無秩序に、しかも出現の確率が同じになるように並べた表で、ここで行うような無作為抽出によるサンプリングのときなどに使われます。

ところで、統計には「信頼区間」とか「誤差率」という用語がよく登場します。計算方法の説明は割愛しますが、無限母集団から200サンプルを抽出したこの場合では、信頼区間95％（100回のうち95回は母集団における真のパーセントの値を含んでいるということ）のとき、プラスマイナス6・93％の誤差の範囲内で全体の割合を縮小しているという結果が期待できます（e^2=0.9604/nより。この式は無限母集団nにおける信頼区間95％の場合の公式で、eは誤差のことです）。

つまり、抽出された200サンプルのうちトマト缶は37個、誤差の範囲は39・56～34・44個という結果が見込めることになります。

標本数は母集団の100万分の1の縮小版ですから、この数値を100万倍して元へ戻してみると、トマト缶は3700万個、誤差の範囲は3956万個から

3444万個と推定できます。

「全体」を小さく分ける手順

さて、いよいよCSR室は関東地方の15歳以上65歳未満の無作為抽出にとりかかることになりました。

しかし、ここで難問です。関東地方一円に住んでいる2786万9千人からどうやって500人を無作為に抽出するか。

住民基本台帳を全部コピーして乱数を振り出すことなど非現実的だし、2016年度から運用が予定されているマイナンバー制度のようなデータベースが今あったとしても、個人情報保護の観点から利用許諾がおりるとは考えられません。

そこで、関東地方の全地番に乱数を振り出し、無作為に500地点を抽出する方法(地点抽出法)を採用することにしました。本当の母集団は住所ではなく個人ですから厳密な意味では正しい手続きとはいえませんが、費用と期間の制約を受ける実際の調査現場では代替法として一般的です。CSR室長も了承しました。

一方で、今回の調査のように母集団があまりに大きく、標本の数が著しく小さい場合には、「標本の代表性が不安定になる」ことが懸念されます。

また、関東地方全域を一つのものとしてサンプリングするための膨大な作業は、数人足らずのCSR室のメンバーの手に負えるものではありません。そこで、こうしたリスクと作業負荷を軽減するために、「**層化**」という手法を使うことにしました。

テレビニュースなどでアナウンサーが世論調査の結果を紹介するとき、「調査はソーカ二段抽出法で行い、回収率は60%でした」などと説明するのを耳にしたことがあるかと思います。音声で聞くと何のことだかわからなかった人も、文字で書くと意味がつかみやすいでしょう。母集団をある特性ごとの「層」に分けて、層ごとに無作為抽出するということです。

たとえば、国政選挙などの動向調査では政令指定都市、市部、郡部、島嶼部《とうしょぶ》などといった区分で全国を層に分けます。それぞれの有権者数はわかっているので、それぞれの層の分布構成に合わせて標本を抽出します。こうして、母集団と標本の市区町村のタイプ別の構成比を一致させることができます。

つまり、有権者が居住する市区町村のタイプ別の分布において、歪みは発生しないことになります。

二段とは、文字通り二段階に分けて抽出すること。国政選挙の世論調査の例では最初にいくつかの市町村を無作為に抽出し、次にそこから地番を抽出するということです。無作為抽出を二度繰り返すので誤差は大きくなりますが、標本抽出のプロセスを飛躍的に効率化できるので、多くの調査でこの方式が採用されています。

CSR室も、今回の調査において母集団をどのように層化すべきか、検討に入りました。調査したいのは、地域の一般市民の里山保護についての考え方です。自然に対する考え方は、個人の経験や価値観の違いが反映されることが想定されます。

とすれば、里山で生まれ育った人と都会で生まれ育った人では里山体験の量や質が違うのではないか、今、自然に近い場所に暮らしている人とそうでない人では自然保護に対する考え方に差があるのでは、という仮説が成り立ちます。

4-3 自然との関わり度をはかるための7指標

1	人口密度	人口の密集度、都市化を判定するための代表的な指標。
2	可住人口密度	山林、原野や湖沼、海岸などを除く可住地における人口密度。1の人口密度が低く、2の値が高いエリアは特定範囲に人口密集度が偏っていると推察できる。なお、米軍基地等も可住地から除外される。
3	可住面積比率	東京23区などの都市部はほぼ100%、可住人口密度が高くても3の値が低ければ自然との距離は近いと推定できる。
4	人口伸び率	都市の活力を判断する指標。
5	65歳以上人口比率	都市の活力を判断する指標。
6	第1次産業就業率	可住面積比率とともに自然との距離を推定するうえで有効な指標。
7	可住地面積	可住面積の量的な大きさ。2、3とともに自然との関係性を推定するための指標。

そこで、母集団を「自然との関わり」という条件で層化してみることになりました。関東地方の市区町村を自然との関わり度によって層化し、そのうえで個人を抽出（地点抽出法で代替）します。**図表4－3**の7指標を関東地方のすべての市区町村にデータとしてもたせ、このデータを使って関東地方のすべての市区町村を主成分分析法で類型化しました。

自然との関わり度合いを調べる

関東地方のすべての市区町村は、次のように類型化できました。

〈グループⅠ〉人口伸び率が比較的高く、第1次産業就業率がⅡの市部より高い。いわば、都市化ポテンシャルが依然残っている地域。東京都の八王子市や埼玉県の川越市、神奈川県の相模原市などが典型で、1980年代後半から90年代初頭にかけて急速に都市化が進んだ地域である。しかしながら、周辺近郊にはまだ身近な自然が多く残っている。麻生区などを含む川崎市などもグループⅠに分類される。

〈グループⅡ〉人口密度が高い一方、人口伸び率が低く、第1次産業就業率が極端に低い、都市化が終了している地域。東京都の武蔵野市や埼玉県の川口市、千葉県の松戸市など。

東京23区は、グループⅡの諸特性がもっとも強化された地域ととらえることができる。ここでは、その特性の強さと規模の大きさゆえに独立した層として扱う。

〈グループⅢ〉人口伸び率のマイナス幅が大きく、高齢化が進んでいる。一方、第1次産業就業率や可住面積比率はグループⅣより低い。群馬県片品村、栃木県日光市、神奈川県の山北町、埼玉県の横瀬町、長瀞町など、過疎的傾向が強く、依然過疎化が進行している地域。

〈グループⅣ〉過疎的傾向の強さはグループⅢと同様だが、第1次産業就業率がグループⅢに比べると高く、相対的に過疎化の進行速度は緩やかといえる。いい換えれば、すでに過疎化が終了し、低位安定状態

4-4 関東地方すべての市区町村を類型化する

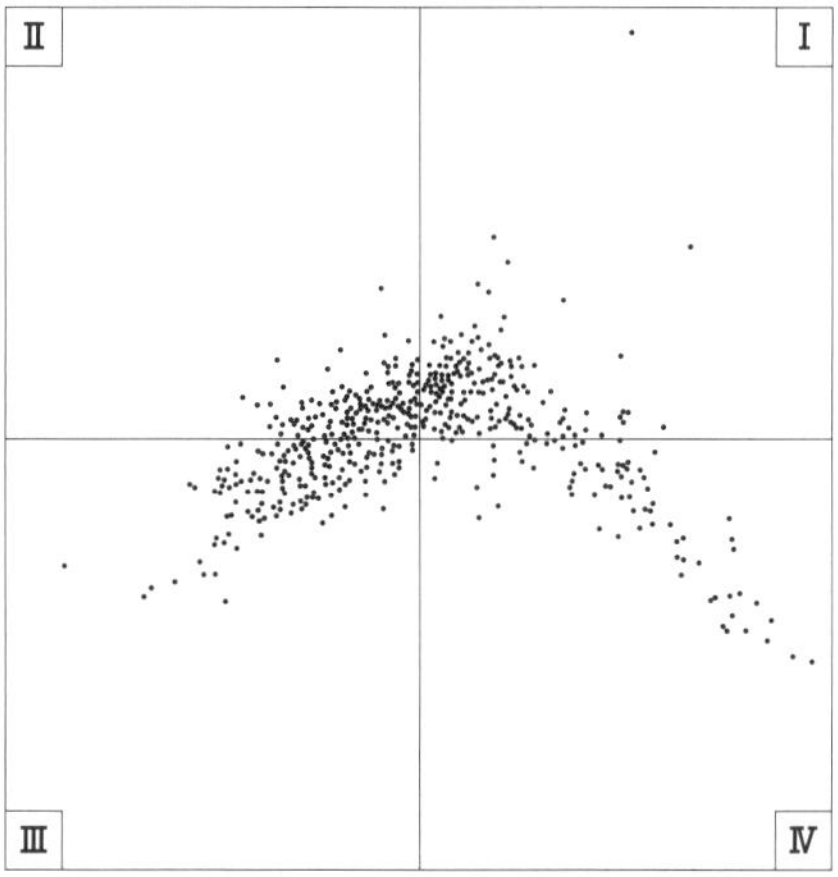

第1主成分
（人口密度、可住人口密度、
可住面積比率などの
合成変数が大きいほど
プラスとなる＝ヨコ軸）
×
第2主成分
（人口伸び率、可住地面積などの
合成変数が大きいほど
プラスとなる＝タテ軸）

にある地域。群馬県甘楽町、栃木県那須町、千葉県成東町、茨城県那珂町など。

自然との関わりの強弱でいえば、グループⅢ、Ⅳの市区町村は身近な自然に溢れており、グループⅠ、グループⅡの順に自然との関わり度が薄くなっていくということになります（**図表4－4**）。

さて、これで関東地方の市区町村を自然との関わり度によって層化することができました。これを人口構成比に置き換えると**図表4－5a**の表のようになります。

次に、この分布に合わせて500サンプルを割りつけたのが**図表4－5b**です。500票が全体の縮図になっていることが理解できます。そう、これが母集団の層別構成比をそのまま縮小させた標本、いわば「小さい全体」です。そして、これは5万5738倍することで、元の母集団に戻すことができます。

これでCSR室のメンバーは実際のサンプル抽出作業に入る準備ができました。ここでもう一つ重要なことは、それぞれの層における市区町村は自然との関わり度によって「似たもの同士」として類型化されたわけですから、同じ層であれば理論上は「同じもの」とみなし得るということです。

つまり、一つの層のすべての市区町村から標本を抽出しなくても、ある市区町村を

4-5 調査の目的に合わせて標本抽出方法を選択する

a 層化 関東地方（母集団）を５つに層化する。

	Ⅰ	Ⅱ	Ⅲ	Ⅳ	23区	合計	
層別の人口構成比	45.4	21.5	4.6	5.3	23.1	100	%
母集団人口	12,653	5,992	1,282	1,477	6,438	27,869	千人

b「小さい全体」をつくる 500サンプルを層別に割り付ける。

Ⅰ	Ⅱ	Ⅲ	Ⅳ	23区	合計	
227	107.5	23	26.5	115	500	票

全体の分布がそのまま反映される。

↓

55,738倍　55,738倍するだけで、元の母集団に戻すことができる。

↓

12,653	5,992	1,282	1,477	6,438	27,869	千人

c もう一つの考え方 5つのサブ母集団ごとに標本を抽出する。

Ⅰ	Ⅱ	Ⅲ	Ⅳ	23区	合計	
100	100	100	100	100	500	票

それぞれの層の標本の数が揃う。

↓　↓　↓　↓　↓

126,530倍	59,920倍	12,820倍	14,770倍	64,380倍	層ごとに元の母集団に戻し、全体を再構成する。

↓　↓　↓　↓　↓

12,653	5,992	1,282	1,477	6,438	27,869	千人

※母集団の合計人数は四捨五入処理のため、個々の合計値と一致しない。

抽出したうえで無作為に個人を抽出する手続きを行えば、その標本にそれぞれの層を代表させることができる、ということに課長は思い当たりました。「やった、これでサンプリングにかかる時間と費用を大きくカットすることができる！」。

無視してもかまわない違い

さて、**図表4－5c**の「もう一つの考え方」をご覧ください。こちらは、「母集団の層別構成をそのまま縮小させた標本」にはなっていないことが、おわかりになるかと思います。したがって、標本数の集計結果を、そのまま全体の値として解釈することはできません。

たとえば、「民間企業が里山保護に取り組むことに疑念を表明した有効票が25票あった」とします。

500票が「母集団全体を縮小させた標本」の場合は、関東地方の15歳から65歳未満の市民の5％が疑念を表明したといって差し支えありません。しかし、「もう一つの考え方」のほうでは、そのように解釈することはできません。五つの層それぞれが独立した母集団として考えられているためです。

まず全体を五つのサブ母集団に分け、そのうえでそれぞれの母集団ごとに標本抽出を行っています。したがって、これを全体に戻すためには、五つのサブ母集団を全体と同じ構成比に戻したうえで、これらを合算する必要があります。

つまり、「もう一つの考え方」における500という数は、五つのサブ母集団ごとに集められた100票ずつの標本の総数を表しているだけであって、全体の縮小版としての意味はもっていないということです。

しかし、こちらの考え方にもメリットがあります。それは、それぞれの層の票数が揃う点です。「母集団全体をそのまま縮小させた標本」の場合では、たとえばグループⅠとⅢを比較する場合、227票のグループⅠと23票のⅢの値を比較することになりますが、「もう一つの考え方」では、どの層も100票ずつあるので、層の特徴を比較する際に誤差の違いを気にする必要はありません。

「あれっ？　サンプル数は同じでもサブ母集団ごとに縮小率が違うのだから、誤差も違うはずでは？」と疑問に思った人もいるかもしれません。

たしかに五つのサブ母集団の数は異なるので、厳密にいえばそのとおりです。ただ、いずれも無限母集団として扱うことができる大きさなので、その違いは無視しても構わないということです。「自分がこれでよいと決めたんだから、その範囲内では正しい！」という強引さというか大雑把さも統計的発想の魅力です。

このように、「はじめに全体の縮小版をつくる」のと「サブ母集団ごとに集計したものを最後に補正、合算する」という方法とでは、考え方の組み立て方が根本的に異なります。しかし、いずれであっても、元の母集団へ還してみると、経営判断や施策決定に影響を及ぼすほどの差は生じません。

したがって実務上は、層別の比較検討を優先するのか、それとも全体像をストレートにつかみたいのかなど、調査の目的に合わせて標本抽出の方法を選択するとよいでしょう。

最終的にCSR室長は、個々の集計結果を補正することなく全体として扱うことができる、母集団の層別構成をそのまま縮小させる標本抽出法を採用し、調査を実行しました。

第5章

「事実」は「真実」と一致するか

観測されたデータを検定する方法

「2人の仲がいいのは性格が似ているから」は正しいか？

標本は本当に全体を代表しているのか

統計という手法は、全体を構成する個が数えきれないほど多いとき、「全体から一部分を取り出して、できるだけ正確に全体を推定したい」という思いから磨かれてきた技術といってよいでしょう。

前章で取り上げた「標本抽出（サンプリング）」は、全体（母集団）を推定するための一部分（標本）を取り出すための手法ですが、取り出された部分から推定された全体は、本当の全体とまったく同じではないので、その差を「誤差」という数値で表現します。

それでも、取り出された一部分は、本当に「全体の縮小版」であるのか、本当の全体とのズレは誤差の範囲内で収まっているのか、気になって仕方がないという人も少なくないと思います。そもそもここに疑問が生じると、調査から得られた数字の一切が信用できなくなります。

そこで、「**カイ二乗検定**」という統計技法を通して、「ズレの大きさ」の問題について考えてみます。

総務省が発表した２０１３年10月1日現在の人口推計によると、日本の65歳以上のシニア人口は３１９０万人。総人口の４人に１人（25％）が65歳以上のシニアであるということです。

これは、たとえば、ある場所に一日中立って、目の前を通過する人に一定間隔ごとに年齢を聞き、５００サンプル集めたとすると、１２５人（全体の25％）が65歳以上ということです。

ただ、このとおりの数値を得るためには、第4章で取り上げた無作為抽出法が前提となります。とはいえ、完全な「無作為抽出法」はなかなか難しいものです。この街頭調査の場合では、どこに立って調査を行うかが問題になります。病院の入り口で行うとシニアの割合は4人に1人より多くなりそうですし、大学や予備校が多い東京・御茶ノ水の駅前では若年層の比率が高くなりそうです。

また、３１９０万人という数字は元気な高齢者だけの数字ではありませんから、もしかしたら「街中シニア率」はぐっと低くなるかもしれません。

余談ですが、21世紀の半ばには日本の全人口に対するシニア比率が40％になるという予測があります。この数字はいろいろな場面で悲観的な材料として使われることが多いのですが、もしもそのとき「街中シニア率」もまさにそのとおりの40％であれば、意外に活力ある元気な成熟社会が実現できているかもしれません。未来を考えるときに大切なことは、今の条件のまま未来がやってくるわけではないということです。そう、未来は私たちの意思でいくらでも変えることができる、つまりフローの視点をもつことが大切です。

話を元に戻しましょう。屋外のある特定の場所で日本全体の人口構成の縮図、すなわち正しい標本を抽出するのは意外に難しいということです。ある特定の場所は、それ自体がある共通の特徴をもつ人を呼び寄せる条件をもっているためです。

駅は電車を利用して移動する人が集まる場所であり、したがってそこでサンプリングされた標本は実際の全体に対して年齢や職業構成において偏りが生じるだろうことは、容易に想像がつきます。サンプリングを行う曜日や時間帯によっても、大きな歪みが予想できますね。

では、どれだけのズレが発生しているかを考えてみます。どの程度のズレであれば、標本として許容できるでしょうか。

街頭調査は信用できるか

図表5－1は、A駅前で行った街頭調査の結果です。

サンプル数は500票。調査のテーマは「消費税増税に対する賛否」です。

消費税の税率アップの目的は財政の再建、社会保障財源の確保とされているので、年金受給開始年齢に近い65歳を境に考え方に差があるのではないか、というのが調査設計時における仮説です。

したがって、この調査では、サンプルの年齢構成が本当の年齢構成と一致しているかどうかが重要です。

調査対象の母集団は、国民年金への加入が義務づけられている20歳以上の一般生活者としました。2013年10月1日現在の人口推計によると、20歳以上の人口総数は1億486万人、65歳以上人口は3190万人ですから構成比は約30%、64

5-1 期待値と実際の調査結果の違い

	調査母集団	
20〜64歳	7296万人	70%
65歳以上	3190万人	30%
合計	1億486万人	100%

サンプル500票において母集団統計の構成比が正確に反映された場合の期待値	
350	70%
150	30%
500	100%

→

実際の調査結果	
380	76%
120	24%
500	100%

国民年金への加入が義務づけられる20歳以上を対象母集団とすると、65歳以上人口の割合は30%、64歳以下人口は70%。無作為抽出法の手続きを正しく行って500票を集めると、20〜64歳のサンプルは350票、65歳以上のサンプルは150票となることが期待される。
（数字は総務省HPの統計に基づく計算結果／2013年10月1日時点における人口推計より）

歳未満の構成比は約70％となります。無作為抽出法の手続きを正しく行って500票を集めると、20〜64歳のサンプルは350票、65歳以上のサンプルは150票となるはずです。

なるべく歪みが出ないように、曜日や時間帯や抽出間隔にも配慮しました。結果は、20〜64歳が380票、65歳以上が120票でした。120票ということは500票の24％なので、本当の「全体」の30％に対してはやや少ないものの感覚的には許容できるかなと思います。では、「カイ二乗検定」を使って検定してみましょう。

計算式はシンプルです。

この場合は、母集団統計を正確に反映した場合の期待値（理論度数ともいいます）から実際の標本数を引いて、これを二乗した値を期待値の数で割り、その総和を求めます。この調査で検定の対象となるのは20〜64歳と65歳以上という二つの年齢区分ですから、それぞれについて計算してこれを足します。つまり、$(380-350)^2/350$に$(120-150)^2/150$を足せばOKです。計算結果は8・571429です。

調査の結果が期待されたとおりの値、すなわちぴったり350票と150票であれば計算結果はゼロです。一方、期待値と実際の標本の差が大きければ大きいほど計算結果の値は大きくなっていきます。

5-2 カイ二乗の確率分布表

自由度 ＼ α	0.1	0.05	0.01
1	2.70554	3.84146	6.63490
2	4.60517	5.99146	9.21034
3	6.25139	7.81473	11.3449
4	7.77944	9.48773	13.2767
5	9.23636	11.0705	15.0863
6	10.6446	12.5916	16.8119
7	12.0170	14.0671	18.4753
8	13.3616	15.5073	20.0902
9	14.6837	16.9190	21.6660
10	15.9872	18.3070	23.2093
⋮			
20	28.4120	31.4104	37.5662
30	40.2560	43.7730	50.8922
40	51.8051	55.7585	63.6907
50	63.1671	67.5048	76.1539
⋮			
100	118.498	124.342	135.807

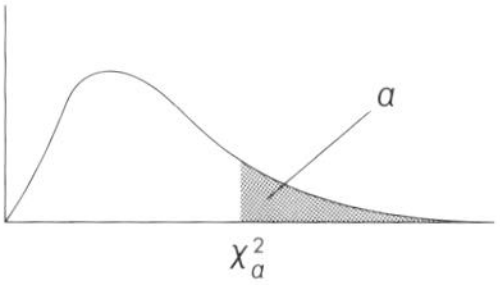

α（有意水準）5%、自由度１の値は 3.84 です。この値が母集団と標本のズレを判断する境界値です。この場合、カイ二乗値は 8.57 でした。つまり、境界値より大きいので、標本は母集団を反映していないといえます。

では、8・57をどう評価すべきか。これはカイ二乗の確率分布表を見て判断します（**図表5－2**）。

結論からいうと、信頼係数を95％（＝検定の有意水準5％）とした場合、この500票が正しく母集団を代表しているとみなすことは難しいといえます。しかしながら、すでに調査は終わってしまっているわけですから、今さらこの調査は失敗だったと言われても困ります。どうすればいいでしょう。それに対する答えは後回し。ひとまず数字や計算式はやめます。

ここでちょっとおもしろい考え方を紹介します。その名は「**帰無仮説**《きむかせつ》」。

「敵の敵は味方」と考える

C女子大に通うAさんとBさんはとても仲がよいので有名です。彼女たちの友人は「あの二人は性格がよく似ているから」と口をそろえて言います。本当にそうでしょうか？　これを統計的に検討してみましょう。手順はこうです。

まず、「二人の仲がよいのは性格とは無関係」という仮説を立てます。そのうえでこれを否定することで、「性格がよく似ているから仲がいい」という元の主張を肯定します。元の主張が正しいと考える立場に立てば、この仮説はなきものにしたい逆説です。

そこで無に帰したい仮説ということで、これを「帰無仮説」と呼びます。「え？　何を回りくどいこと言ってるんだ！」と叱られそうですが、もう少しがまんしてください。

わかりにくいので、もう一度はじめから考えてみます。検定したい対象は、「二人の仲がよいのは性格が似ているから」という友人たちの考えです。

前述したとおり、まず「仲のよさと性格の類似性は関係がない」という仮説（帰無仮説）を設定します。

調査は女子大生100人に、「仲がよい人と自分の性格には類似性があると思いますか」「仲が悪い相手と自分の性格は似ていないことが多いですか」という設問を設定し、それぞれについてイエス・ノーで回答してもらいました。結果は**図表5－3**のとおりです。結果を見るとどうやら関係がありそうですね。

では、検定してみます。まず、「関係がない」という仮説を立てます。もしも、仲のよさと性格の類似性はまったく関係がないということが正しければ、イエスとノーの回答はどちらにも偏らずほぼ同じ値になっていてもおかしくありません。そこで、理論的に期待される数値（理論度数）と調査結果との差を、前記したカイ二乗の式で検定してみます。

「仲のよさと性格の類似性は関係がない」という前提（無帰仮説）を設定したとき、めったに起こらない事象、つまり、この前提が覆るような珍しいケースが発生する確率を計算で求めます。この「めったに起こらない・起こる」の境界値を「有意水準」と呼び、これを超えた場合は、前提とした仮説は間違っていたと解釈します。統計では「棄却」と呼びます。

この場合であれば、有意水準5％、自由度1の境界値は、カイ二乗の確率分布表（**図表5-2**）から3・84と読み取れます。計算結果は40・83。境界値を大きく超えてしまいました。つまり、設定した前提にとっては、めったに起こらないことが起きる確率が非常に高いということです。

要するに、「関係がない」という前提は否定されて、その対立仮説、すなわち、「関係がある」という説を採用すべき、ということになります。

では、なぜ最初から「関係がある」ことを前提としないのでしょうか？

もしも、「関係がある」と考えた場合、関係の強さの幅は無限であり、人それぞれの差は無限にあるズレの一つにすぎません。こうした個別に違うズレの発生を確率計算することは不可能なので、その逆、つまり「関係がない」ことをあらかじめ正しい仮説として、これが否定される確率を求め、この値がある一定値より大きければ、「関係

5-3「仲のよさ」と「性格の類似性」は関係があるか

100人の女子大生に「仲がよい人」「仲が悪い人」と自分の性格との類似性について質問。

	性格が似ている傾向がある	性格が似ていない傾向がある	計
仲がよい人	68	32	100
仲が悪い人	23	77	100

次に、「仲のよさ」と自分の性格との類似性は「関係がない」と仮定した場合の理論度数を算出。

もしも、「仲のよさと性格の類似性は関係がない（つまり、それぞれが独立した関係である）」とすると、A1:A2＝B1:B2という関係が成立する。

	性格が似ている傾向がある	性格が似ていない傾向がある	計
仲がよい人	A1	A2	X（A1＋A2）
仲が悪い人	B1	B2	Y（B1＋B2）
合計	A1＋B1	A2＋B2	X＋Y （A1＋A2＋B1＋B2）

したがって、A1～B2のそれぞれに観測値を代入し、以下のように理論値を計算する。
A1＝{（A1＋B1）×X}／（X＋Y）＝91×100／200＝45.5
B1＝{（A1＋B1）×Y}／（X＋Y）＝91×100／200＝45.5　　同じようにA2、B2も計算する。

	性格が似ている傾向がある	性格が似ていない傾向がある	計
仲がよい人	45.5	54.5	100
仲が悪い人	45.5	54.5	100

そのうえで、理論的に期待される数値と実際のアンケートの結果を検定してみる。

カイ二乗値＝$(68-45.5)^2/45.5+(23-45.5)^2/45.5+(32-54.5)^2/54.5+(77-54.5)^2/54.5=40.83$
有意水準5%、自由度1の棄却域＝3.84

結論
カイ二乗値は境界線を大きく上回った。したがって、「仲がよさと性格の類似性は関係がない」という帰無仮説は棄却される。すなわち、「仲がよいのは性格が似ているから」「仲が悪いのは性格が似ていないから」という仮説が採用された。

がある」と結論づけるわけです。

あえて、「そんなはずはない」という仮説、つまり無に帰したいと思う仮説を不本意ながら設定し、これを却下することで、本当に証明したかったこと、すなわち、「仲のよさと性格の類似性は関係がある」ということを立証します。

かなり屈折した考え方ともいえますが、「敵の敵は味方」という発想に似ていると感じた方も多いのではないかと思います。まずは自分の主張を全否定する最大のライバルを論破しておくという戦術ですね。統計もなかなかやるものです。

はっきりしない全体を部分から推定する

この項では後半にちょこっと計算式が出てきますが、興味のない方は読み飛ばしてください。

前述した駅前での消費税増税に関する調査を思い出してください。この街頭調査は、母集団の人口構成比を正確に反映していない、つまり、「正しい標本」とはいえないと結論づけられました。一方、「調査は終わっているのだから、今さらそんなことを言われても困る。調査をやり直す費用などない」という現場からの切実な声に応えなければなりません。

答えは簡単です。母集団を日本の20歳以上の一般生活者ではなく、「A駅を利用する20歳以上の一般生活者」とすればよいのです。ただし、標本の年齢分布が、書き換えられた母集団のものと同じであるかという問題が残っている点に注意してください。また、書き換えられた母集団の範囲を勝手に超えて拡大解釈するのはレッドカードです。くれぐれもお忘れなく。

さて、この場合であれば、まさに実際に行った調査の通りですから、母集団と標本のズレは小さいと想定されますが、問題は、母集団と標本の関係がはっきりしないということです。

そこで、標本のほうから全体を推計します。統計量を検定する際のもっとも重要な値は「平均」と「分散」なので、標本から得られたデータを使って母集団における平均や分散の値を推計します。統計ではこうした計算を、母集団の平均と分散を推定するという意味で「母平均、母分散の区間推定」などといいます。標本調査のデータ、つまり、事実から読み取った範囲内で真実を推定しようということです。

では、先ほどの消費税増税という政策に対する賛否について、標本データから母集団における比率を推定してみます。これを「母比率の区間推定」といいます。

サンプル数は５００でしたね。調査の結果、消費税増税に対する賛成は40％でした。

このときの母比率Pを信頼区間95%の場合において計算してみます。公式は、$p - 1.96 \times \sqrt{p(1-p)/n} \leqq P \leqq p + 1.96 \times \sqrt{p(1-p)/n}$です。p＝0・4、n＝500を公式にあてはめて計算してみてください。

答えはこんな風に表現されます。標本調査で得られた消費税増税に対する支持率の母比率は、信頼区間が95%の場合、35.7%≦P≦44.3%となります。

どうでしょうか。こうした手続きを見てみると、何だかひどくご都合主義的なように感じるかもしれませんが、このあたりが統計理論の真骨頂というか、できることの範囲内で真実に迫ろうとする現実主義的なしぶとさを感じさせます。そして、こうしたしぶとさの前提になっているのが「無作為抽出」という手続きの正当性であり、ここに対するピュアな信頼がすべての根幹にあります。そう、清く正しく歩めばいずれ道は拓けるということです。

第6章

「迷い」から抜け出すための手法

シンプルな意思決定モデルのつくり方

投資先企業の株をいつ売却すべきか?
お天気と商品の売行きの関係は?

手を引くべきか、続けるべきか

ビジネスシーンはもちろんですが、私たちは日々の暮らしのなかで常に、右か左か、上か下か、外か内か、前進か後退かの判断を求められます。

迷うことなく決められる人、考え抜いてから結論を出す人、目をつぶったまま走り出してしまう人、どうしても決断できない人、誰かに決めてもらう人、先送りしてしまう人などいろいろです。そこで本章では、モノゴトを判別する方法と将来を見通すための簡単な予測モデルを通して、〝迷宮〟から脱出するためのヒントを得たいと思います。

第2章で「主成分分析法」の考え方を学びましたが、これらもまた、「見え方の角度を変える」ことと「複雑な関係性をまとめる」ことが出発点となります。早速、事例で説明していきましょう。

中堅メーカーのA社は将来に向けて、有望な技術シーズを確保するため、技術力の高いベンチャー企業への投資活動を行っています。しかしながら、市場変化のスピードは予想以上に速く、各社を取り巻く競争環境も投資を実行した頃と大きく変わり、予想した企業価値を下回る会社も出てきました。

そこで、投資ポートフォリオの活性化をはかるため、企業価値の伸び率が想定を下回った会社の株式を売却しました。早く手を打っておけば業績低迷を防げた投資先もあったため、ベンチャー投資の責任者である細野さんは今後、判断が後手に回ることのないよう簡単な投資判断モデルをつくることにしました。

企業価値は、内部要因のほか、ニーズの変化や競合の動向、さらには投資家の思惑など多様な要素から決定されますが、A社の投資先はすべて未上場会社なので、シンプルに「成長性」と「収益性」の二つでモデルができないか考えてみました。

図表6－1は、投資先企業の直近の業績指標から「3期の平均売上高伸び率」と「直近の経常利益率」をプロットしたグラフです。**図表6－2a**は、当初想定した株価を下回った会社と期待通りのパフォーマンスを出している会社の二つのグループに分けたものです。○が株式を売却した会社、●は投資を継続している会社です。

一目で、成長力があって収益力が高い会社の株式は引き続き保有されていることがわかります。その逆は売却される傾向にあるようです。当たり前です。

ただ、成長力が低い会社であっても、また、赤字の会社であっても売却していないケースもありました。個々の企業の成長可能性や経営改善の可能性を精査したうえで、ケースバイケースで判断した結果でした。

最終的には各社の将来性について丁寧に検討しなければならないことはいうまでもありませんが、その前にこれまでの経験にもとづいた1次フィルタリングができれば、審査の効率はぐんと上がるだろうと、細野さんは考えました。

グレーゾーンを一刀両断する技術

問題は二つのグループの境目あたりにある企業です。こうしたグレーの領域の企業があらかじめわかっていれば、対応が後手に回ることを避けられるかもしれません。どこでグレーゾーンの企業を見分けるか、つまりどこに一線を引くかです。

そこで、統計的手法を用いることにし

6-1 成長性と収益性で、投資継続の可否を判断する

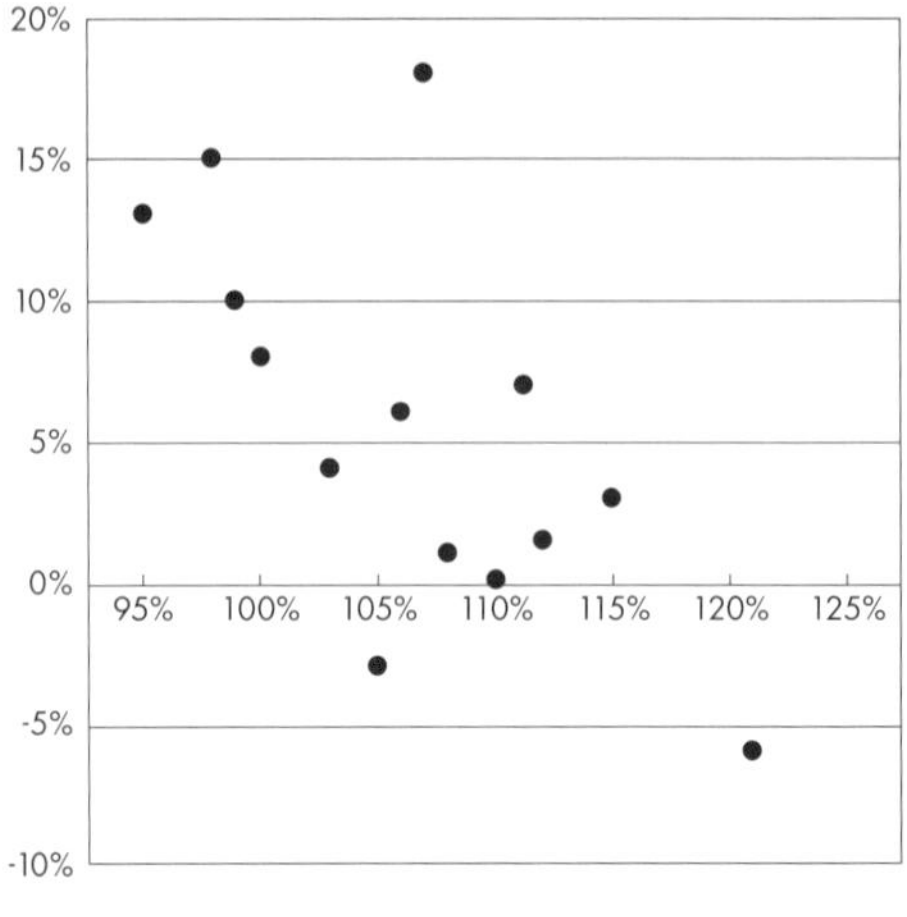

売上高伸び率（ヨコ軸）×経常利益率（タテ軸）で投資対象の会社をプロット

6-2a 株式を売却するか、それとも保有を継続するか

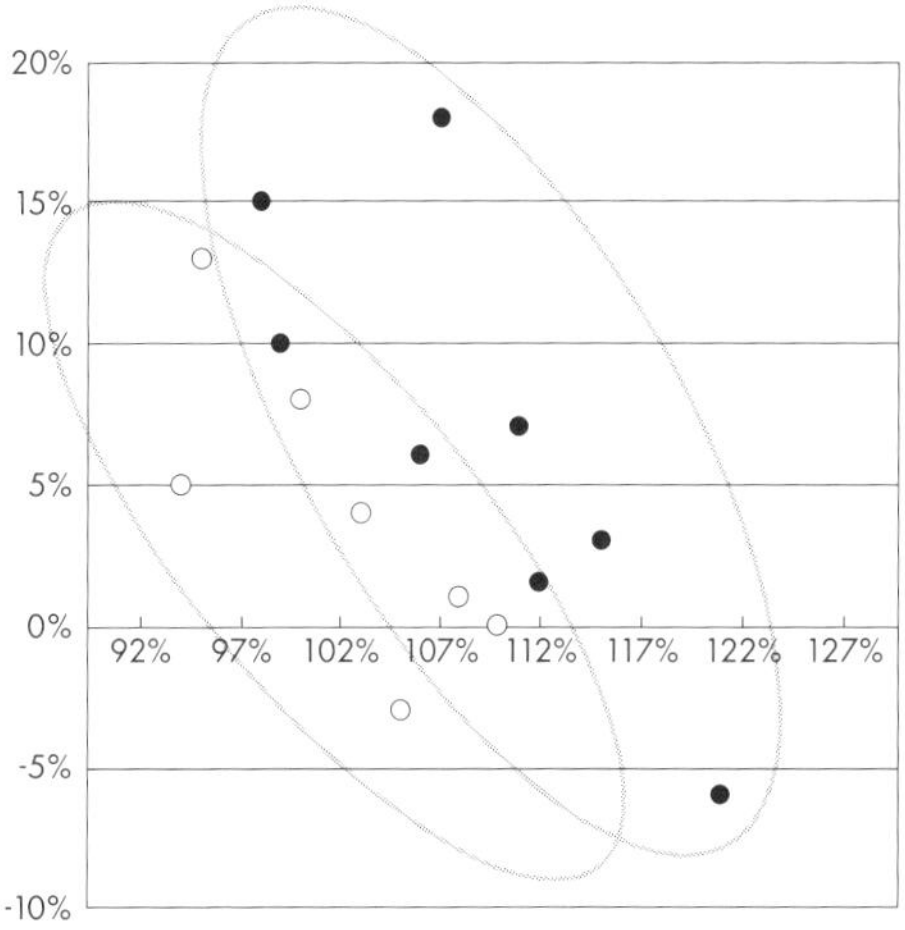

株式を売却した
会社（○印）と
投資を継続している
会社（●印）の
分布を見る

6-2b 問題は、微妙なゾーンにある企業をどう判断するか

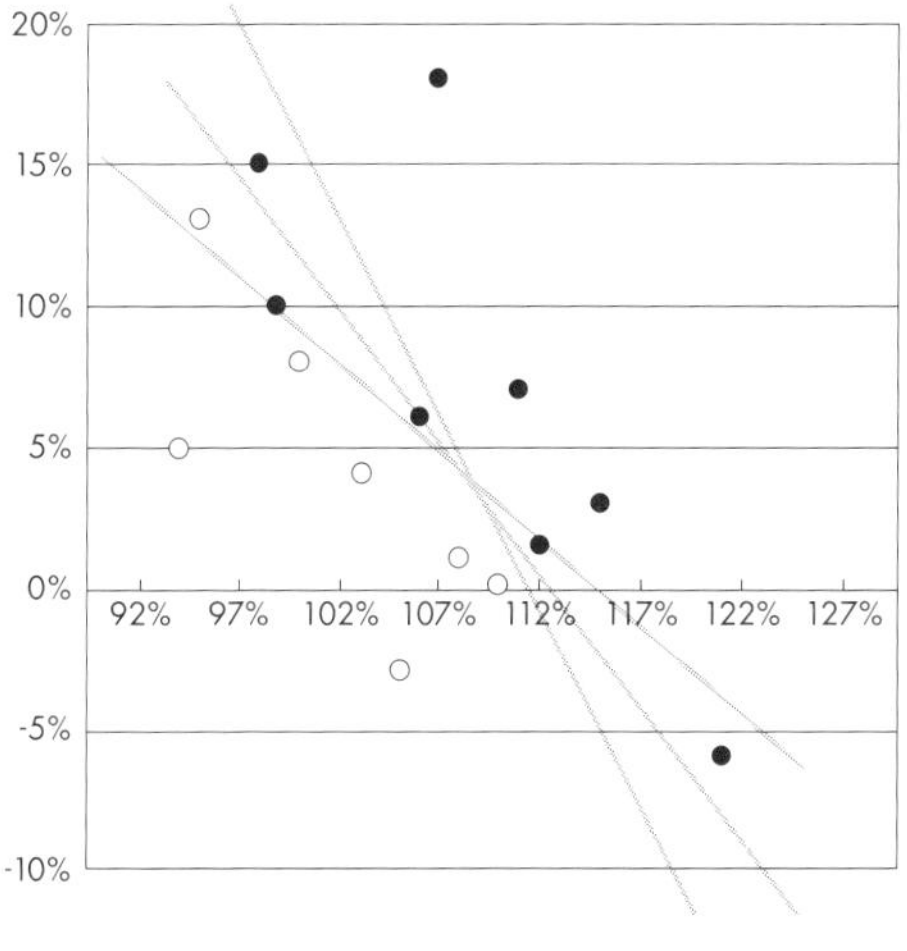

2つのグループに
分けるには
境界線を
どこに引くのが
最適か

ます。ここでは投資を継続するか株式を売却するかについて意思決定をしたいので、**「判別分析」**という手法を採用します。これは、「二つのグループに分けるために最適な境界線を引く」ための手法です。どっちに分ければよいのかわからないグレーゾーンを、一刀両断する技術といってよいでしょう。

二つのグループに分けるといっても、境界がわかりにくいグレーゾーンを分けるのですから、「傾き」が異なる線を何通りも引くことができます（**図表6－2b**）。「傾き」という言葉にピンときた方はもうおわかりでしょう。そうです。二つのグループを分断する線は一次関数の式で表されます。これを**「線形判別分析」**といい、文字通り二つのグループを分ける最適な一次関数のモデルをつくるということです。

ここでは、**「重回帰分析」**を使った簡単な方法で計算してみましょう。

目的は、投資継続と株式売却の判別ですから、投資継続に対するイエス・ノーが目的変数となります。ただ、イエス・ノーのままでは計算ができないので（統計ではこうした変数を質的変数と呼びます）、イエスを正、ノーを負とし、1とマイナス1をそれぞれに割り当てます（**図表6－3a**）。

次に、二つの説明変数（売上高伸び率と経常利益率）とイエス・ノーとの関係づけを重回帰分析によって導きます。計算結果は**図表6－3b**のとおりです。

6-3a 質的変数に「1」か「−1」を割りあてる

会社番号	説明変数	
	売上高伸び率	経常利益率
1	121.0%	-6.0%
2	111.0%	7.0%
3	106.0%	6.0%
4	112.0%	1.5%
5	98.0%	15.0%
6	115.0%	3.0%
7	99.0%	10.0%
8	107.0%	18.0%
9	100.0%	8.0%
10	105.0%	-3.0%
11	95.0%	13.0%
12	103.0%	4.0%
13	94.0%	5.0%
14	108.0%	1.0%
15	110.0%	0.0%

→

目的変数	
投資継続判断	数値を割り当て
投資継続	1
投資継続	1
投資継続	1
投資継続	1
投資継続	1
投資継続	1
投資継続	1
投資継続	1
売却	-1
売却	-1
売却	-1
売却	-1
売却	-1
売却	-1
売却	-1

6-3b 説明変数を使って目的変数を求める

重回帰分析の計算結果

重相関 R	0.7403
重決定 R^2	0.5480
補正 R^2	0.4727
標準誤差	0.75
観測数	15
Ru1=	0.3219

分散分析表

	自由度	変動	分散	観測された分散比	有意 F
回帰	2	8.1833	4.0917	7.2741	0.0085
残差	12	6.7500	0.5625		
合計	14	14.9333			

	係数	標準誤差	t	P-値	下限95%	上限95%
切片	-13.1382	3.5827	-3.6671	0.0032	-20.9444	-5.3321
売上高伸び率	11.904	3.2683	3.6423	0.0034	4.7829	19.0250
経常利益率	11.5324	3.7606	3.0666	0.0098	3.3387	19.7260

判別式　y＝ 係数a1 × 変数x1（売上高伸び率） ＋ 係数a2 × 変数x2（経常利益率） ＋ 切片

y＝ 11.904 × x1 ＋ 11.5324 × x2 ＋ -13.1382

目的変数は二つの説明変数によって、次のような式で求めることができます。

y（目的変数）＝11・904×説明変数1（売上高成長力）＋11・5234×説明変数2（収益力）－13・1382。yが正の数値の場合は投資継続、負の場合は売却と判断します。

この式に実際の数値をもう一度代入して、投資継続の可否を検証してみます。1社のみ実際の投資判断と異なった結果となりましたが、「この判別モデルは使える」と、細野さんは検証データを見て大いに満足しました（**図表6－3c**）。

図表6－4はこの計算結果をもとに引いた直線です。線は目的変数を正と負の境目、つまりy＝0として先ほどの判別式から

6-3c　計算結果に実際の数値をもう一度あてはめる

会社番号	元データ			→	判別式での判定結果	
	売上高伸び率	経常利益率	売却可否		算出値	判別結果
1	121.0%	-6.0%	投資継続		0.57	投資継続
2	111.0%	7.0%	投資継続		0.88	投資継続
3	106.0%	6.0%	投資継続		0.17	投資継続
4	112.0%	1.5%	投資継続		0.37	投資継続
5	98.0%	15.0%	投資継続		0.26	投資継続
6	115.0%	3.0%	投資継続		0.90	投資継続
7	99.0%	10.0%	投資継続		-0.20	売却
8	107.0%	18.0%	投資継続		1.67	投資継続
9	100.0%	8.0%	売却		-0.31	売却
10	105.0%	-3.0%	売却		-0.99	売却
11	95.0%	13.0%	売却		-0.33	売却
12	103.0%	4.0%	売却		-0.42	売却
13	94.0%	5.0%	売却		-1.37	売却
14	108.0%	1.0%	売却		-0.17	売却
15	110.0%	0.0%	売却		-0.04	売却

逆算して引きます。

この線が、いわば「稜線」です。線を隔てて上側が「株式を売却せず保有を継続」、下側が「売却」。この線で、まさに命運は決します。

細野さんは、投資先から提供される月次決算データをこの簡便なモデルにあてはめながら各社の株価の動向をチェックし、線に近いところに位置する会社については、より丁寧に事業活動や市場環境の動向を見ていくようにしました。

データにもとづく科学的な商売

続いて、重回帰分析を使った予測モデルについて説明します。

松井さんは、生鮮品や加工食品を販売す

6-4 最適な「傾き」をもつ線をひいてみる

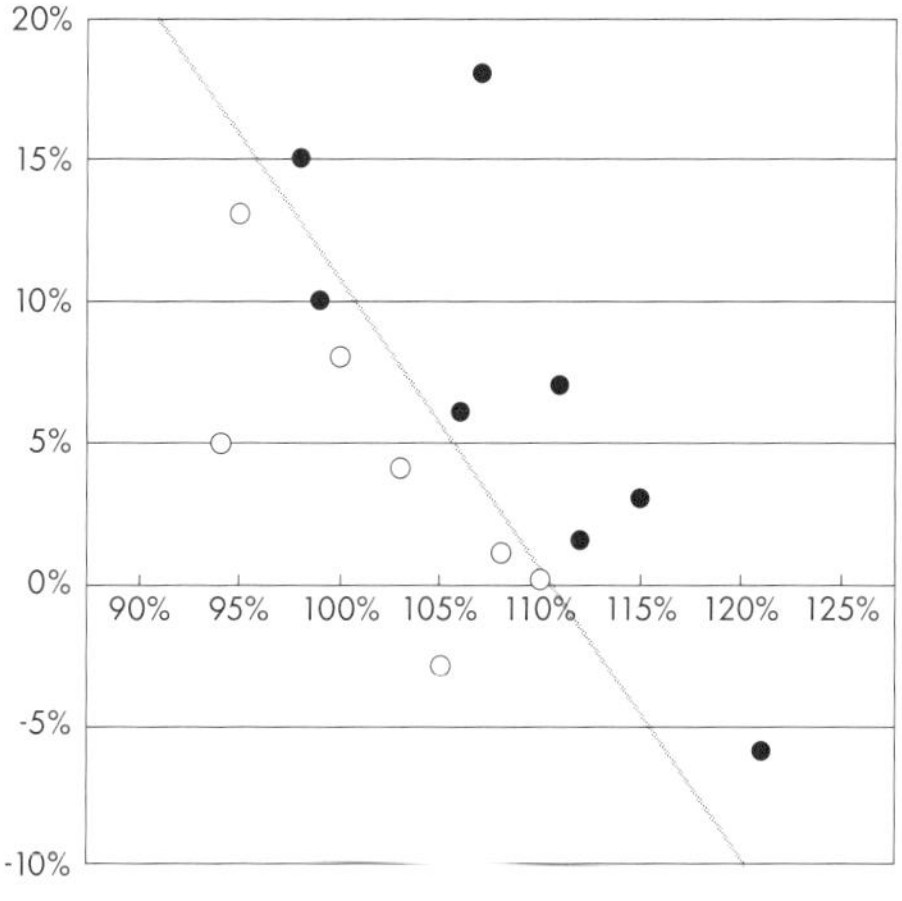

線を隔てて、上が株式を売却せずに保有する会社、下が売却する会社。目的変数を0として、判別式から逆算して変数1と変数2の値を計算し、線形近似曲線をひく。

る小さなフードセンターを経営しています。お店は町一番の人気店として地元に根づいており、パートさんはこの地域に暮らす主婦ばかり。松井さんは彼女たちから、小学校の運動会や高校のサマーキャンプ、町内会主催のフリーマーケットの日程などの情報を仕入れて、品揃えに活かしています。

とりわけ、彼女たちがつくる惣菜やお弁当は、こうした町のイベントごとに食材やメニューが工夫されていて評判は上々です。しかし、最近ではコンビニエンスストアも生鮮品や単身者向けのパウチ惣菜などを扱うようになり、競争が厳しくなりつつあります。業界紙に紹介されるコンビニチェーンや大手量販店の「科学的マーケティング」の記事を読むたびに、松井さんの危機感は募ります。

そこで松井さんは、大学でシステム工学を学んでいるアルバイトの品川くんに「コンビニには負けたくない。うちもデータにもとづく科学的な商売をしたい。どんなものでもいいからすぐになんか考えてくれ」と無理難題を押しつけました。

品川くんは、「ビッグデータを駆使したマーチャンダイジング・モデルなんてとんでもないけど、天候をベースにした〝なんちゃって予測モデル〟ならエクセルですぐにつくることができます」と即答しました。

これを聞いた松井さんは、「たしかに平年より暖かかったり、晴れの日が多かったりすると売上げが伸びるような気がする。それにお天気なら気象庁の予報のデータが使える。何だか科学的だ！」と考え、品川くんにモデルづくりをお願いしました。

関係づけを行うための変数を見つける

品川くんは、まずお天気と販売額を関係づけるための「変数」について検討しました。販売額の予測が目的なので、販売額を「目的変数」、これに影響を与えるお天気を「説明変数」と呼びます。

説明変数として気温は必須だ。湿度は？　湿度はあまり関係ないかな。晴れの日の数はどうしよう？　気象庁のホームページには「晴れとは、全天を覆う雲の量が8割以下の場合で、9割以上あると曇りになりま

6-5 販売額と天気の関係性をみつけるには？

	目的変数y SM販売額前年同月比(既存店)(%)	変数x1 東京の降水量前年比	変数x2 平均気温との差
1月	98.3	140.0	-0.6
2月	95.1	31.9	-0.3
3月	98.6	30.8	2.7
4月	97.1	238.8	0.6
5月	99.1	24.2	0.9
6月	100.5	85.9	0.8
7月	99.2	88.8	1.5
8月	100.2	396.0	1.8
9月	100.2	107.9	1.4
10月	101.1	284.8	1.3

東京全体のスーパーマーケットの月別の販売額を目的変数、降水量の前年比＝説明変数 x1、平均気温との差＝説明変数 x2として採用。

す。雲量が1割以下の場合は快晴です」と書いてあるけど、気象用語の定義どおりに誰もが晴れと曇りを区別しているとは思えないし。

そうだ、降水量にしよう。一回に集中的に降ることもあるから必ずしも雨の日の日数と一致するわけじゃないけど、ま、いいか。ということで、降水量の前年比を二つ目の説明変数として採用しました。

気温は平均気温との差、目的変数である販売額は自店のものではなく、東京全体のスーパーの販売額データを使うことにしました。「急げ、急げ」と松井さんがあまりにうるさいので、まずは東京全体のスーパーの販売額と東京のお天気との関係性をつかんでおけばよいだろうと考え、今年のデータだけを使って試しにつくってみることにしました（**図表6－5**）。

「スーパーマーケットの販売額前年同月比」「東京の降水量前年比」「平均気温との差」の三つの変数の関係性を計算したものが**図表6－6**の相関行列表と変数間の関係を散布図として視覚化した散布図行列表です。

相関行列表の数値は、タテ・ヨコそれぞれの変数間の直線的な関係の強さを表す相関係数の値です。相関係数は絶対値が1に近いほど（1、またはマイナス1に近いほど）、二つの変数間の直線的な関係は強いと判断できます。

6-6 散布図行列表を使って予測モデルをつくる

	SM販売額前年同月比（既存店）（%）	東京降水量前年比	平均気温との差
SM販売額前年同月比（既存店）（%）	1.0000	0.3719	0.5183
東京降水量前年比	0.3719	1.0000	0.1352
平均気温との差	0.5183	0.1352	1.0000

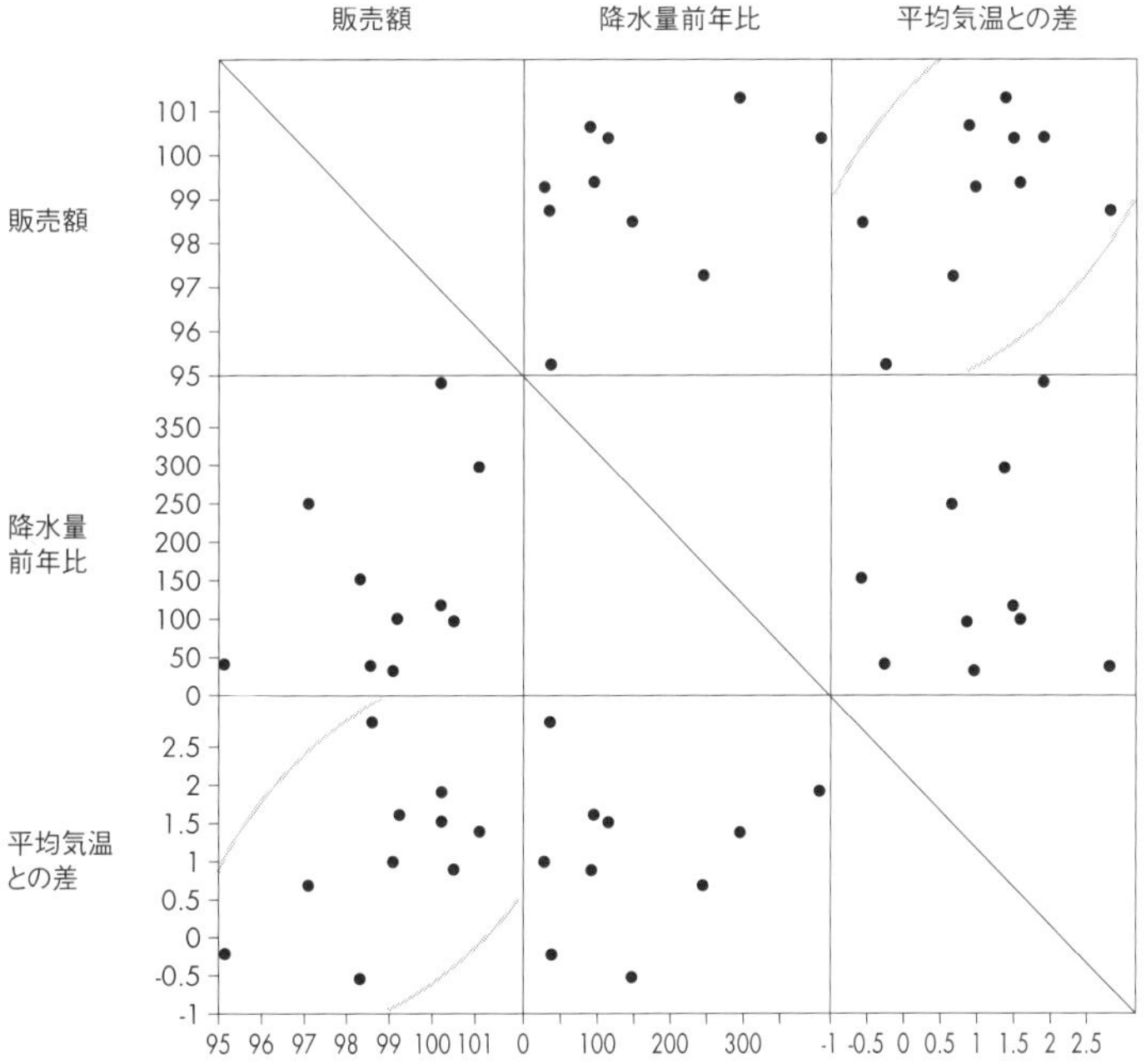

符号がプラスであれば正の相関（一方の変数の値が増加すると、もう一方の変数の値も増加するという関係）、マイナスであれば負の相関（一方の変数の値が増加すると、もう一方の変数の値が減少するという関係）があるということです。

販売額と気温の関係は0・52、一方、降水量と販売の関係は0・37。降水量よりも気温の変化のほうが、販売額の増減と関係が深そうです。散布図行列表を見ても、平均気温との差と販売額でプロットされた散布図のほうが一定の範囲内で正の相関関係がありそうなことがわかると思います。

一方、平均気温との差と降水量の前年との差は、あまり関係が強いとはいえません。そうはいってもまったくないとはいえないだろうと考えて、この二つの変数を使って予測モデルをつくってみることとしました。

重回帰式で予測モデルをつくる

説明変数を複数用いた回帰分析を「重回帰分析」と呼びます。一つの場合は「単回帰」と呼びます。

この場合の重回帰式は、y＝m（切片）＋p（係数1）×変数x1＋q（係数2）×変数x2で表されます。計算方法は第9章で簡単な数字を使って説明しますので、こ

6-7 予測モデルから計算した予測値と実際のデータを比べてみる

	目的変数y SM販売額前年同月比(既存店)(%)	変数x1 東京の降水量前年比	変数x2 平均気温との差	目的変数yの予測値
1月	98.3	140.0	-0.6	97.5
2月	95.1	31.9	-0.3	97.3
3月	98.6	30.8	2.7	99.9
4月	97.1	238.8	0.6	99.0
5月	99.1	24.2	0.9	98.3
6月	100.5	85.9	0.8	98.5
7月	99.2	88.8	1.5	99.1
8月	100.2	396.0	1.8	100.8
9月	100.2	107.9	1.4	99.1
10月	101.1	284.8	1.3	99.8

予想モデル ●=SM販売額前年同月比(既存店)、○=予想値(ともに%)

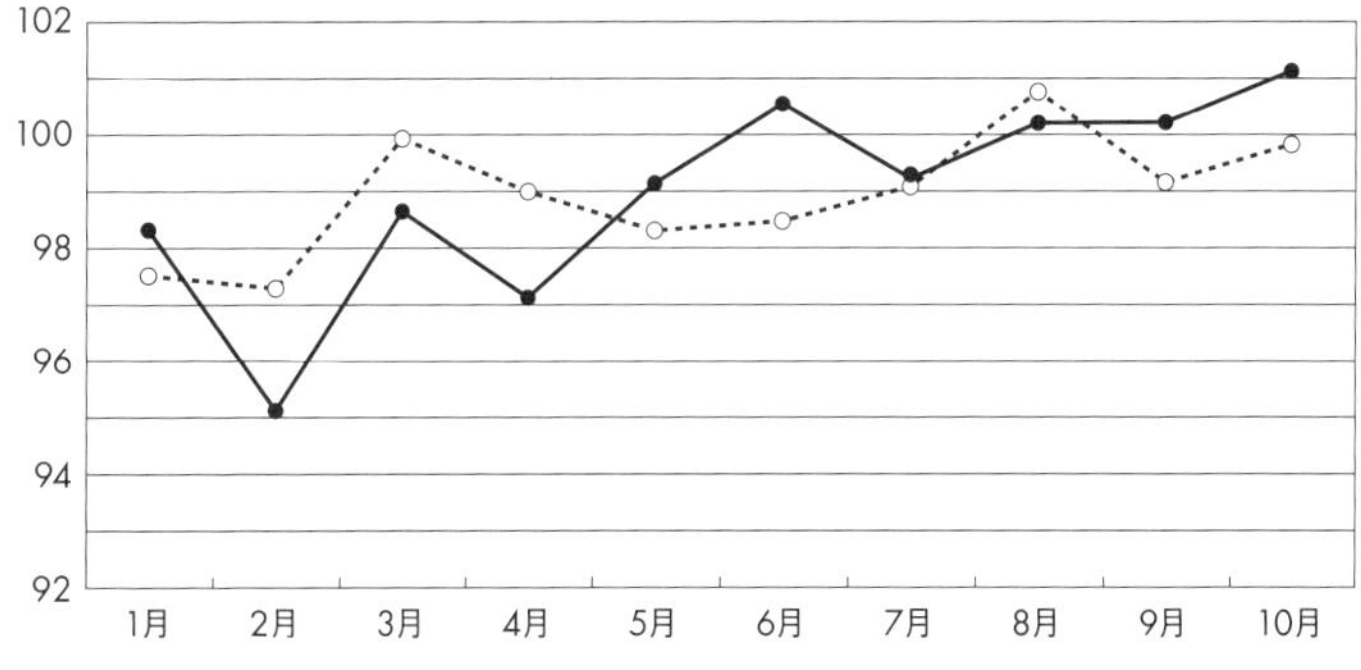

回帰統計

重相関 R	0.601234
重決定 R^2	0.361482
補正 R^2	0.179049
標準誤差	1.627107
観測数	10

降水量の前年比＝説明変数x1、平均気温との差＝説明変数x2を使って、予測値を導き出し、実際の売上高と比べてみる。予測値の計算式は、y(販売額の前年同月比)=97.4163+0.004431×降水量の前年比+0.881548×平均気温。式を求める際に計算されるのが回帰統計。

こでは省略します。計算結果は、y（販売額の前年同月比）＝97・41463＋0・00431×降水量の前年比＋0・881548×平均気温との差、となりました。

この式に実際のデータをあてはめ直し、予測値を導き出して、予測モデルをつくります（**図表6－7**）。出来栄えはいかがでしょう？

なんとなく似た傾向がありそうですが、しかし、個々の点でみるとかなり離れているものもあります。

重回帰式を求める際に「回帰統計」というものが計算されます。**図表6－7**の一番下を参照してください。重相関Rとは重相関係数のことで、目的変数と説明変数の関係の強さと方向を表します。1またはマイナス1に近いほど関係は強いと判断でき、マイナスであれば負の相関があるということです。

重決定R^2は重相関係数の値を二乗したもので重決定係数といいます。目的変数の変化について説明変数がどのくらい説明できるかを示しています。こちらも1に近いほど関係は強いと解釈できます。

R^2の値が0・7や0・8であれば、販売額の増減はお天気の変化と強い関係があるといい切れるのですが、この場合はやや微妙なところです。また、予測モデルとしての信頼に耐えうるかというと、そもそも説明変数の取り方について、品川くんは自信がもてません。

品川くんは、「予測モデルをつくってみたのですが、おすすめできません」と正直に報告しました。松井さんはがっかりしましたが、そのときテレビから「来月は平年より気温が２・５℃ほど高く、降水量は前年並みでしょう」という天気予報の声が聞こえてきました。そこで、早速この式に数値を入れて計算してみました。

売上高予測はちょうど前年比１００となりました。松井さんは「よーし、この数値を上回るぞ」と気合十分です。

「さあ、この町の情報をどんどんあげてくれ。みんなで知恵を出して、その日その日のお客さんに喜んでもらえるような店づくりをしよう！」。パートのみんなも大張り切りで、目標達成に向けてモチベーションがぐんと上がったようです。大手コンビニチェーンに対抗するための「戦意の下地」が固まりました。

品川くんも、「よし、お店の販売データを使って本格的な予測モデルをつくってみよう。今度は商品カテゴリー別の予測モデルに挑戦だ」と秘かに決意しました。

「過去10年分の月次データを揃えて、変数の妥当性そのものの検証から始めよう。そのうえで、季節性や物価の影響も考慮しよう。いや、そうじゃない。お店に必要なのは、外部環境に関連づけられた正確な売上予測モデルじゃないんだ」

みんなの輝く顔を見て、品川くんは気づきました。

「去年の10月の運動会は9月初旬並みの暑さだった。だから冷たい飲み物が売れたし、急遽保冷剤を用意してお弁当や惣菜にサービスして喜ばれたんだ。

そうだ！　どんな状況でイベントが行われたのか、それに対してどういう手を打ったのか、効果はどうだったのか。もし今年も昨年と同じ状況が予想されるのであれば、昨年を上回る売上げをどうやってつくればいいのか。気温がぐっと低くなる可能性はないのか。変化に柔軟に対応するためには何を準備しておけばよいのか。大切なのはそういうこと。だから、そのための指標をつくるべきなんだ。

であれば、特売などの施策効果も織り込まなきゃいけない。この小さなスーパーに必要なのは、みんなの心を動かすためのシンプルな目標設定と行動モデルだ」

品川くんも俄然《がぜん》、意欲が湧いてきました。

第7章

数字に現れた現実にいかに対処するか

数値化できない心のなかを数値化する方法

新車の発売にあたってイメージ戦略は効果を発揮できるか?

男性が求めるもの、女性が求めるもの

統計分析の基本は、「たくさんの異なるもののなかに同じ要素を見つけること」と「たくさんの同じようなもののなかに違いを見つけること」です。

要するに、たくさんのものを「同じ傾向をもつグループ」や「異なる傾向をもつグループ」に分類することです。分析するというのは、たくさんの個体の特徴を一つひとつ調べ、それらの関係性を見つけ出し、その強弱やつながり方によって個体をもっともよく分類することといってもよいでしょう。

本章では「**数量化Ⅲ類**」という手法のエッセンスを紹介します。

通常の分析では、個体をもっともよく分類できるような変数の組み合わせを設定し、個体の分布やつながり方をアウトプットします。第2章の主成分分析を思い出してください。一方、数量化Ⅲ類では個体と変数を同時に分類します。変数に独立・従属の関係を設定しない点に特徴があります。

数量化とは、もともと数値でない情報を数値化するための統計理論です。数量化理論にはほかにⅠ類、Ⅱ類、Ⅳ類がありますが、ここでは触れません。また、「コレスポンデンス分析法」という名前を聞いたことのある人も少なくないと思いますが、数学

的には数量化Ⅲ類と同じ方法です。

では、実際の調査データを元に手順を追って見てみましょう。

調査の依頼元は、コンパクトカー市場でシェア2位のメーカーのマーケティング部門です。その部門では、次期主力車種で「機能や装備よりイメージを前面に出したプロモーション」を検討しており、その有効性を検証するために、コンパクトカーの購入者を調査して車種選択の理由を明らかにしたいと考えました。

調査では、軽自動車と排気量1300ccまでの小型乗用車を「コンパクトカー」と定義、コンパクトカーを保有している20歳から60歳までの男女を母集団にアンケート

7-1 コンパクトカーの購入動機に関する設問

メーカー、ブランドのイメージ	大幅な値引きをしてもらったから
乗りなれたメーカーだったから	燃費がよいと思ったから
CMなどのイメージがよかったから	販売店との付き合いがあったから
走行性能に優れているから	販売員の人柄がよかったから
スタイリング、デザインが気に入ったから	家族や友人などにすすめられたから
カラーが気に入ったから	運転しやすそうだったから
内装が気に入ったから	居住性がよかったから
オプションが気に入ったから	収納が多かったから
購入価格が手ごろだったから	乗り心地がよさそうだったから

を実施し、566サンプルを回収しました。

購入動機に関する設問は**図表7―1**のとおりです。

回答者には、この18項目から車種選択の際にもっとも重視したものに○印をつけてもらいました。決定の重要要件になった項目が複数ある場合は、いくつ○印をつけてもよいという複数回答法です。

集計は、○をつけた項目に1、空白に0という符号をつけて処理します。これらは数値としての1、0ではなく、単なる符号である点に留意してください。こうして各設問の回答を男女別に集計したのが**図表7―2**の上の表（単純クロス集計）です。

実際の分析では、単に男女別だけでなく、年齢、世帯年収、購入目的や用途別、年間走行距離、世帯のクルマ保有台数、メーカーや車種別など、さまざまな属性情報をクロスさせながら分析を行いますが、ここでは分析のプロセスをシンプルに理解していただくために省略します。

男女別の合計値をグラフ化したものが**図表7―2**の下です。

そもそもコンパクトカーは税金や維持費が安いことが大きな訴求力となっているわけですから、予想どおりというか当然というか、男女ともに全体の3分の2が「購入価格」を重要要件にあげています。したがって、これに続く項目を分析しなければ、

7-2 車種選択の際に重視した項目は何か (単純クロス集計とグラフ)

		メーカー、ブランドのイメージ	乗りなれたメーカー	CMイメージ	走行性能	スタイリング、デザイン	カラー	……	収納の多さ	乗り心地
男性	n=255	77	45	27	35	103	28		22	12
		30%	18%	11%	14%	40%	11%		9%	5%
女性	n=311	83	56	44	41	133	65		39	35
		27%	18%	14%	13%	43%	21%		13%	11%
合計	n=566	160	101	71	76	236	93		61	47
		28%	18%	13%	13%	42%	16%		11%	8%

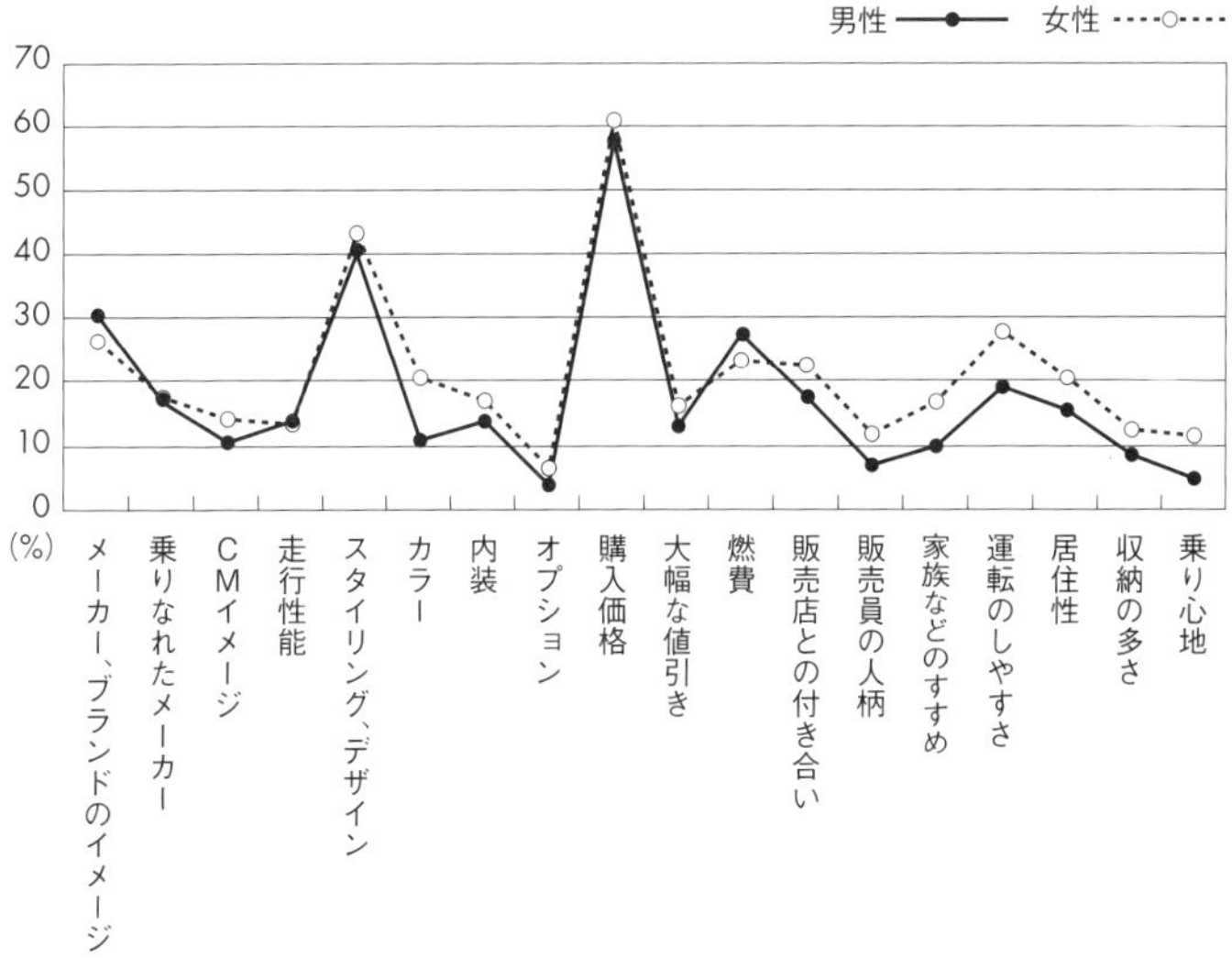

マーケティングにおけるイメージ戦略の有効性を検証することはできません。

「購入価格」に次ぐ要件として上位にあがった項目は「スタイリング、デザイン」「メーカー、ブランドのイメージ」「燃費」「運転のしやすさ」です。意外だったのは、これらの項目において男女間の差があまり大きくないことです。

男性が積極的に評価したのは「メーカー、ブランドのイメージ」と「燃費」ですが、女性との差は3～4ポイント程度です。

一方、女性が男性より積極的に評価した上位3項目は「カラー」「運転のしやすさ」「家族などのすすめ」です。男性に対して7～10ポイント近く高い数値であり、差は明確です。また、「販売店との付き合い」も女性のほうが男性を5ポイント上回っており、購買行動に際しての女性の積極性と選択理由の明快さがうかがわれます。

このように丁寧にデータを見ていくと、楽しくてつい深みにはまってしまうので、このあたりでやめます。ただ、こうした単純集計値やクロス集計値の読取りでは、それぞれの項目がお互いにどう影響を与え合っているのかを検討したり、個体を購入行動タイプごとに類型化したりしていくのに大変な工数を要します。

また、分析視点がついつい狭まったり、個別項目の解釈にとらわれすぎてしまうこともあります。そこで、変数の関係性や全体的な構造を直感的に理解できるように、数

7-3 個体を6人、設問項目を6つに限定して分析のプロセスを見る

a 反応パターン表をつくる

	メーカー、ブランド	乗りなれたメーカー	CMイメージ	走行性能	スタイリング、デザイン	カラー
NO1	○				○	○
NO2		○		○		
NO3		○		○	○	
NO4	○		○			
NO5	○				○	○
NO6		○		○	○	

b ○印がなるべく対角線上に並ぶように行と列を並べ替えてみる

	CMイメージ	メーカー、ブランド	カラー	スタイリング、デザイン	乗りなれたメーカー	走行性能
NO4	○	○				
NO1		○	○	○		
NO5		○	○	○		
NO3				○	○	○
NO6				○	○	○
NO2					○	○

c 計算によって対角線上にもっとも○印が集まる反応パターン表を導く（第1軸）

	CMイメージ	メーカー、ブランド	カラー	スタイリング、デザイン	乗りなれたメーカー	走行性能	
NO4	○	○					1.72839
NO1		○	○	○			0.67715
NO5		○	○	○			0.67715
NO3				○	○	○	-0.8474
NO6				○	○	○	-0.8474
NO2					○	○	-1.21771
	1.93573	1.15081	0.75839	-0.09533	-1.08729	-1.08729	

d 2番目に対角線上に○印が集まる反応パターン表を導く（第2軸）

	カラー	スタイリング、デザイン	メーカー、ブランド	乗りなれたメーカー	走行性能	CMイメージ	
NO5	○	○	○				1.06793
NO1	○	○	○				1.06793
NO3		○		○	○		-0.16521
NO6		○		○	○		-0.16521
NO2				○	○		-0.70976
NO4			○			○	-1.99823
	1.5279	0.64657	0.06563	-0.48823	-0.49608	-2.85894	

量化Ⅲ類を用います。

数量化Ⅲ類では、設問項目への反応パターンにもとづき、個体と設問項目の両方を並べ替えて、個体と設問項目を同時に分類していきます。

個体と設問項目を同時に分類していく

この分析法では設問項目を「アイテム」、アイテムに対する選択肢のことを「カテゴリー」と呼びます。このアンケートでは、ブランドイメージなどの車種選択理由がアイテムに相当します。アイテム数は18、そして、それぞれのアイテムのカテゴリーは○か空白のいずれかです。

まず、分析のプロセスをわかりやすくするために、566人のサンプルのなかから個体を6人、設問項目を六つに絞って見ていきましょう。6人の反応パターンは**図表7－3a**のようになりました。

次に、反応パターン表の○印がなるべく対角線に並ぶように、行と列を並べ替えます（**図表7－3b**）。

このように、○印をできるだけ対角線上に並べるためには、各個体（NO1～NO6）と各カテゴリーに、数値xとyをxとyの相関係数が最大になるように与

7-4 サンプルの6人がそれぞれ重視した項目は何か

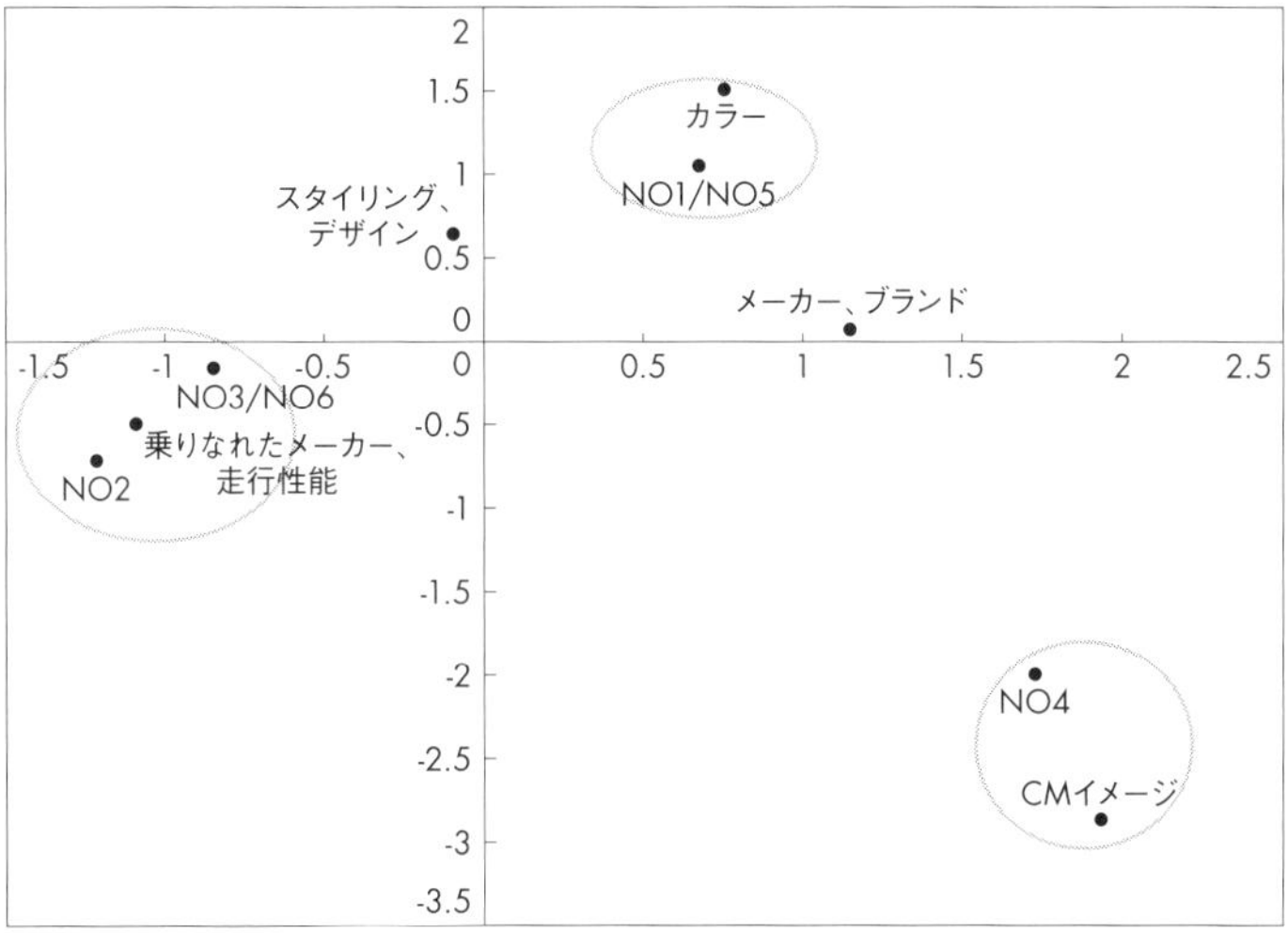

え、それぞれの値の大きい順に並べます。このようにして各個体と各カテゴリーに数値を与えることを数量化といいます。理論的な説明は他書に譲りますが、対角線上に○印が集まるように並べ替えたときの値を第1軸の値といいます（主成分分析の第1主成分に相当します）。

さらに、**図表7－3c**に次いで対角線上に○印が集まるように並べ替えたのが**図表7－3d**で、これが第2軸となります。六つの個体と六つのアイテムの場合は第6軸ま

「乗りなれたメーカー」「CMイメージ」「走行性能」……）

0.0386	0.0104	0.0217	0.0259	-0.044	0.0632	0.0485	0.0353	-0.0399	-0.0157	0.0386
0.0095	-0.1106	-0.0022	-0.0675	**0.2234**	0.1471	-0.0369	-0.0118	0.0128	0.0315	0.027
0.1198	0.054	0.0498	0.0515	-0.0189	0.1131	0.0053	0.1135	0.119	0.0576	0.06
0.0874	-0.01036	0.0375	0.1905	-0.0701	0.0838	0.0251	0.1808	0.1297	0.1305	**0.2571**
0.1272	-0.0633	-0.0245	0.0727	-0.0797	0.0913	-0.0011	0.1321	0.1543	0.0643	0.1091
0.1028	0.05778	0.1206	0.0843	0.0131	0.0994	0.0327	0.1546	0.0805	0.0612	0.16
0.1753	0.02892	0.1062	0.0891	0.0136	0.1428	0.0431	0.126	**0.2939**	0.1811	**0.2066**
1	0.0103	0.051	0.0577	0.0135	0.054	-0.0276	0.1021	0.1233	0.0916	0.1808
	1	0.128	0.1903	0.0441	0.025	-0.048	0.0346	-0.0436	0.0336	0.0805
		1	**0.2245**	0.0581	0.1497	0.0352	0.1245	0.0391	0.1729	0.1244
			1	-0.0289	0.1589	0.0557	**0.2021**	0.1087	0.1406	0.136
				1	0.1499	-0.0083	-0.0044	-0.0286	0.0227	0.0867
					1	-0.0061	0.1005	0.1062	0.1587	0.142
						1	0.10441	0.1398	0.0283	0.105
							1	**0.2202**	0.1397	**0.3424**
								1	**0.3005**	**0.2166**
									1	0.0812
										1

で計算することができます。

六つの個体と六つのアイテムを第1軸、第2軸にとって、データをプロットした散布図が、**図表7－4**です。設問の選択肢と個体ナンバーが同時に視覚化されるので、個体と設問項目との関係性が一目瞭然です。

NO1さんとNO5さんは「カラー」、NO2、NO3、NO6さんは「乗りなれたメーカー」「走行性能」、NO4さんは「CMイメージ」を重視したと読み取れます。

7-5 まずは設問項目間の相関関係を見る （列は左から順に「メーカー、ブランド」

メーカー、ブランドのイメージ	1	0.0251	**0.2005**	0.1095	0.0978	0.0393	0.0338
乗りなれたメーカー		1	-0.0233	-0.0482	-0.0947	-0.0074	0.0293
CMイメージ			1	0.0229	0.1341	0.1056	0.0436
走行性能				1	0.0768	0.0911	0.1170
スタイリング、デザイン					1	**0.3116**	0.1514
カラー						1	0.0598
内装							1
オプション							
購入価格							
大幅な値引き							
燃費							
販売店との付き合い							
販売員の人柄							
家族などのすすめ							
運転のしやすさ							
居住性							
収納の多さ							
乗り心地							

原点の近くにプロットされた「スタイリング、デザイン」は、この6人のうち4人から重視された項目で、したがって個人の特徴を示すにはあまり役に立たなかったということになります。

個体を上手に分類する軸を見つける

数量化Ⅲ類の優れているところは、一つの散布図によって、回答者がどの設問の選択肢の近くにいるのか視覚化できる点です。

ただ、この例では回答者と設問項目が六つに絞り込まれているのでわかりやすいのですが、実際の調査では個体数は566もあります。そのまま一つの散布図にプロットすると、非常に煩雑になって何が何だかわかりません。そこで情報を集約します。

手順としては、まずたくさんの設問項目の選択肢をいくつかの成分に集約します。そのうえで、個体や設問の選択肢を分類します。そして最後に、分類したグループごとに分析評価し、クロス集計では見えてこなかった傾向を発見します。

車種を選択した設問項目の相関関係を見てみましょう（**図表7－5**）。

数量化Ⅲ類は○×のデータを扱う点が主成分分析と異なりますが、基本的な考え方は似ています。ただ、主成分分析の固有値が、元の選択肢（変数）から取り出された情

7-6 どの軸を使うのが適切か

	第1軸	第2軸	第3軸		第17軸	第18軸
販売店との付き合い	21.41129	-18.47272	3.02682		0.49138	1.37766
スタイリング、デザイン	-6.06222	9.67684	-4.54064		-22.46657	-8.21148
カラー	-4.36573	2.07647	-3.89847		21.0058	6.17217
オプション	-3.71898	7.61191	9.29041		3.23169	3.91869
CMイメージ	-3.592	6.7753	-11.86951		-3.53247	-8.93349
内装	-4.61127	5.91591	12.22932		17.39775	-16.96676
居住性	-5.80576	8.04951	12.3075		-5.20425	34.18359
乗り心地	-4.66941	2.54627	8.3261		-21.47142	-5.48554
販売員の人柄	4.53881	1.68581	6.90663	・・・	4.12984	6.5809
家族などのすすめ	-4.77039	2.62309	-14.51114		0.26962	-2.98959
運転のしやすさ	-6.86923	2.39335	5.76835		13.40403	-4.83784
収納の多さ	-1.20419	0.28985	15.64194		-0.78272	-14.05037
購入価格	-0.48269	-23.4095	-9.86759		0.09341	0.88298
メーカー、ブランド	1.13644	12.53973	-24.76185		5.38264	6.20345
走行性能	-7.37625	7.87569	8.22698		1.94773	-1.51
燃費	-6.03387	-8.91197	4.38161		-3.03046	1.72461
乗りなれたメーカー	34.66219	15.98409	3.8135		-1.51786	-2.09339
大幅な値引き	-3.072	-15.68306	4.72325		-3.37438	1.40436

固有値	0.37775	0.29833	0.28839		0.13628	0.12305
寄与率	0.1044	0.08245	0.0797		0.03766	0.03401
累積寄与率	0.1044	0.18685	0.26655		0.96599	1

報量の大きさを示していたのに対し、数量化Ⅲ類では設問の選択肢と個体の反応、つまり○×の傾向の類似性を示しています。

ここでは、設問同士の相関係数が低かったため、残念ながら情報はあまり集約されていませんが、第1軸の寄与率は10・44％と計算されました。大事な点は、実際の分析にどの軸を選択するかです。**図表7－6**を参照してください。

第1軸は、「乗りなれたメーカー」と「販売店との付き合い」の二つの選択肢以外はほとんどが反対方向に向いています。第2軸は、「乗りなれたメーカー」「メーカー、ブランドのイメージ」「スタイリング、デザイン」が大きく、逆に「購入価格」「販売店との付き合い」「大幅な値引き」の値が小さくなっています（**図表7－7a**）。

第3軸は「収納」「居住性」「内装」の値が大きく、「メーカー、ブランドのイメージ」「家族などのすすめ」「CMイメージ」の値が小さくなっています（**図表7－7b**）。

このように、それぞれの軸の傾向を読み取りながら、設問の選択肢と個体の分類がうまくいきそうな軸を選びます。

第1軸は、各選択肢の値が似通っていて分析しても傾向が出にくい総合評価といえる合成変数ですから、本分析では第2軸と第3軸を使います。反応パターンの類似性が大きい軸であっても、設問の選択肢と個体がうまく分類できそうもない軸は選択し

7-7 それぞれの軸の傾向をグラフにしてみる

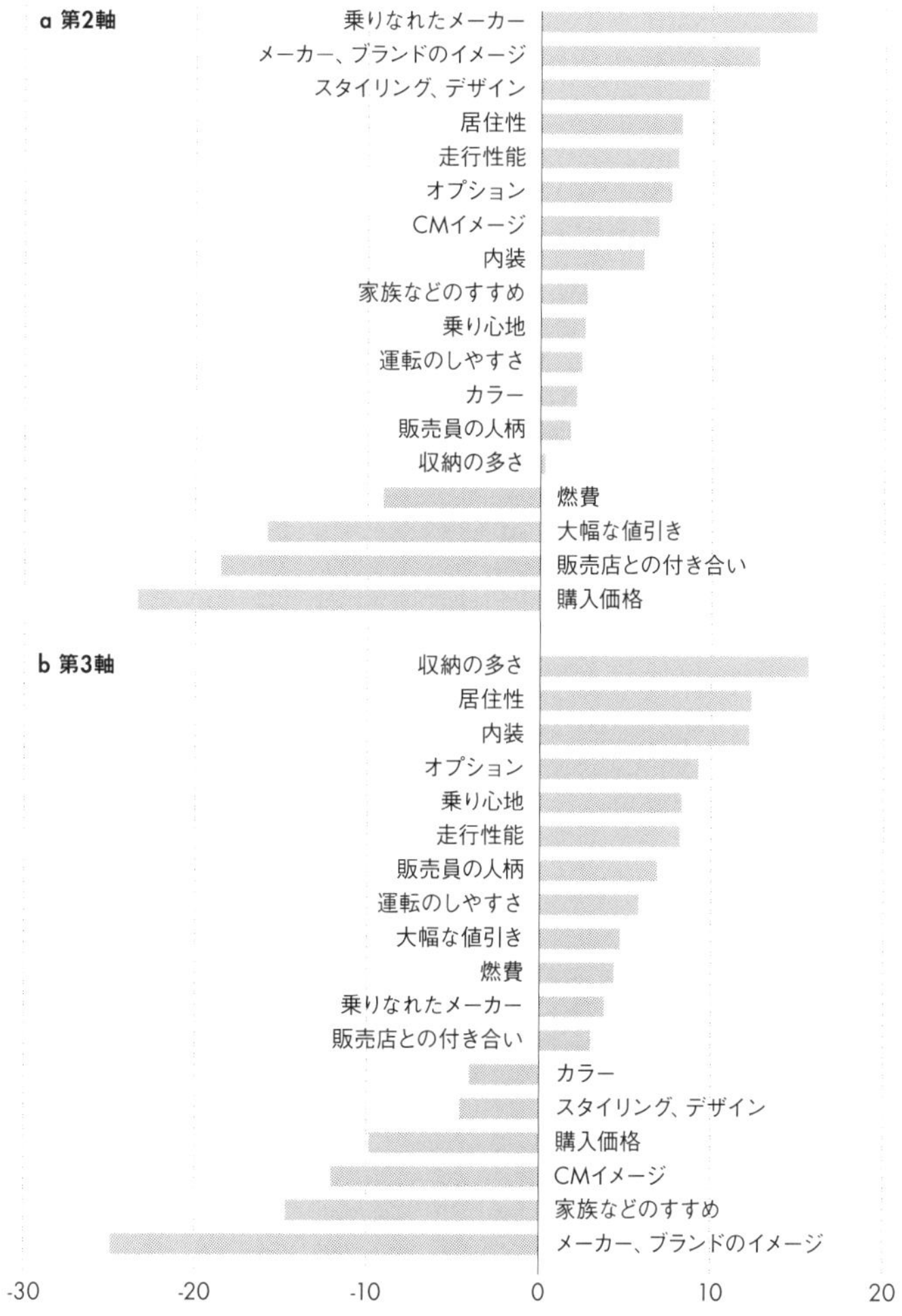

ません。

また、本調査の目的は、「イメージを重視したプロモーションの有効性の検証」ですから、「イメージ」に対する差ができるだけ浮き彫りになるような軸のほうが有利でしょう。

じつはここが数量化Ⅲ類の柔軟なところでもあり、弱点でもあります。分析者の任意性が色濃く出やすいということです。これは分析者にとってはデータを扱いやすくしているともいえますが、分析結果を解釈し、何らかの意思決定をする側にとっては「扱いにくい」といえます。

設問の選択肢と個体の分布状況を見る

では、第2軸を横軸に、第3軸をタテ軸に、設問の選択肢のみを散布図にプロットしてみます（**図表7－8**）。

これを見ると、18個の選択肢の反応パターンにおける類似性は、ほぼ三つのかたまりに分類されます。三つのかたまりを、「機能性重視」「経済性重視」、そして「イメージ重視」と名づけます。原点に近い設問の選択肢は、第2軸と第3軸を軸とした分析では影響力が小さいといえます。

7-8 まずは設問の選択肢のみをプロットする

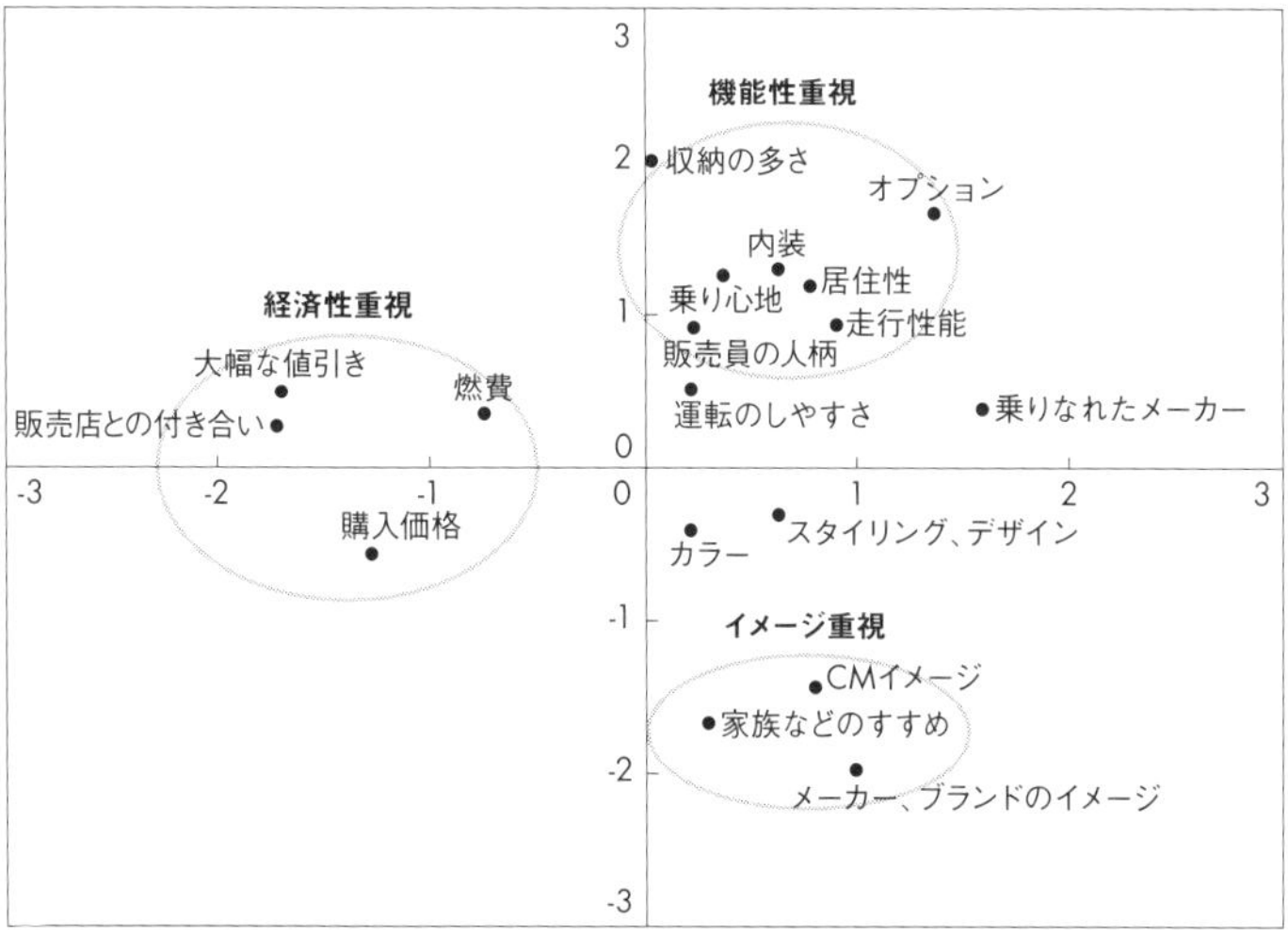

うまく反応パターンを分析できました。

次に、すべての回答者（566の個体）を同じ座標軸に置いて見てみましょう（**図表7－9**）。

数量化Ⅲ類の特徴は、設問の選択肢と個体を同時に分類できる点にあります。したがって、設問の選択肢の分布状況と個体の分布状況が同じような傾向を示していれば、分析の方向性が正しかったといってよいでしょう。

さて、いかがでしょう？

ヨコ軸に対してマイナス方面のかたまり、ヨコ軸にプラス、タテ軸にプラスのかたまり、そして、ヨコ軸にプラス、タテ軸にマイナスのかたまりが確認できます。これらはそれぞれ、「経済性重視」「機能性重視」「イメージ重視」のグループと解釈してよさそうです。

三つのなかでは、経済性重視派とイメージ重視派が比較的はっきりとしたかたまりであり、機能性重視派はこの二つに比べると少数派といえるかもしれません。

そして、もう一つ、すでにお気づきのように第2軸、第3軸のいずれにも反応しない原点周辺の〝旗色不鮮明派〟が意外に多いことがわかります（**図表7－10**）。

7-9 次に回答者566人をプロットする

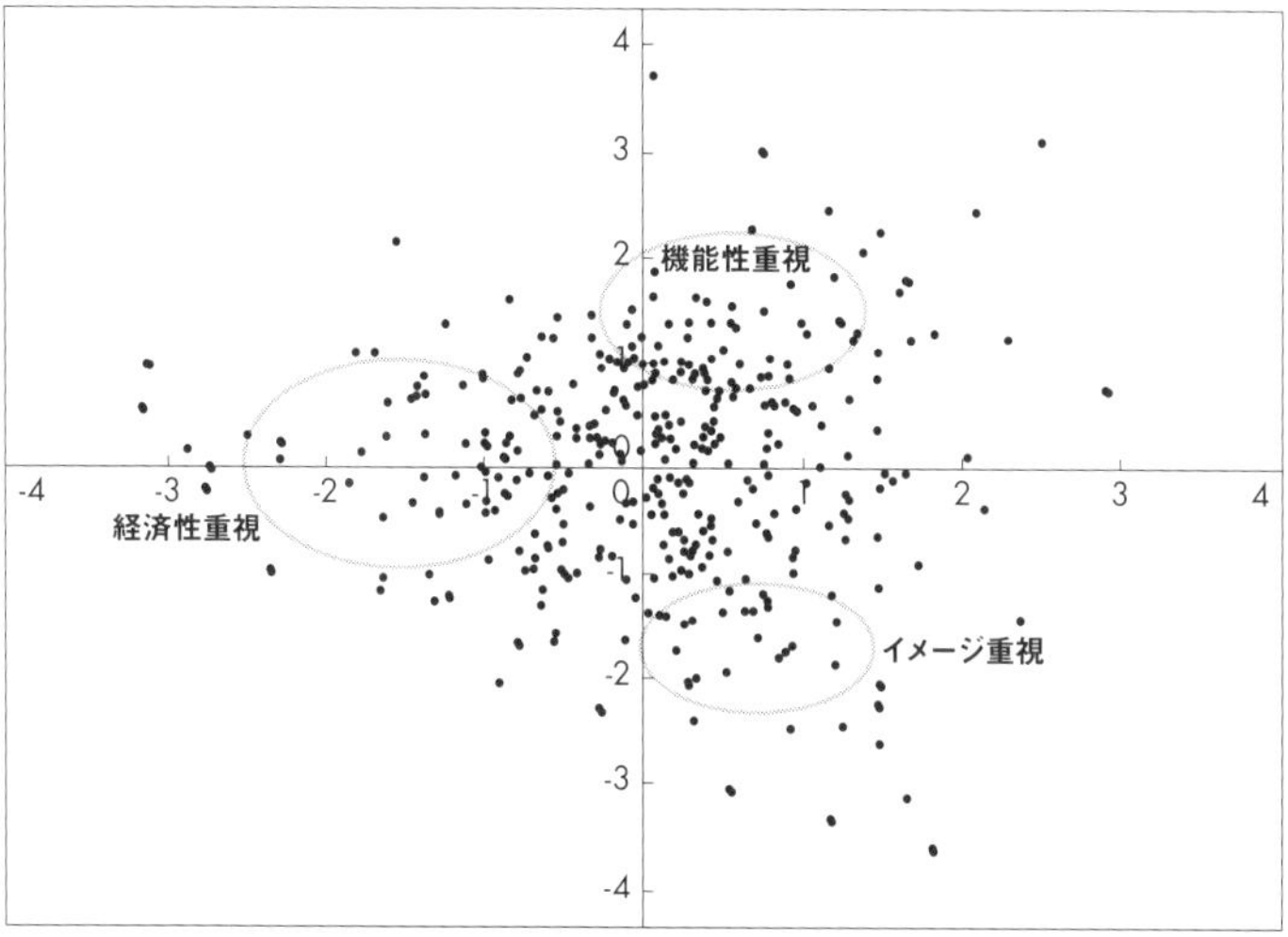

不明確な現実を受け入れる

ところで、数量化Ⅲ類の分析をとおして、そもそもの経営課題に対する示唆は得られたのでしょうか？

次期主力車種の営業展開に際して、マーケティング部が企画している「イメージ重視のプロモーション」が効果を発揮する需要層が存在することは確認できました。ブランディング戦略の強化をはかり、ＣＭなどのマス媒体と家族などからのおすすめを促すようなウェブ上の口コミ展開を施策化していくのが有効でしょう。

ただ、やはり気になるのは旗色が不鮮明な層です。ここがいわば浮動層であり、ここをどれだけ獲れるかがトップシェアを目

7-10 “旗色不鮮明派”が意外に多い

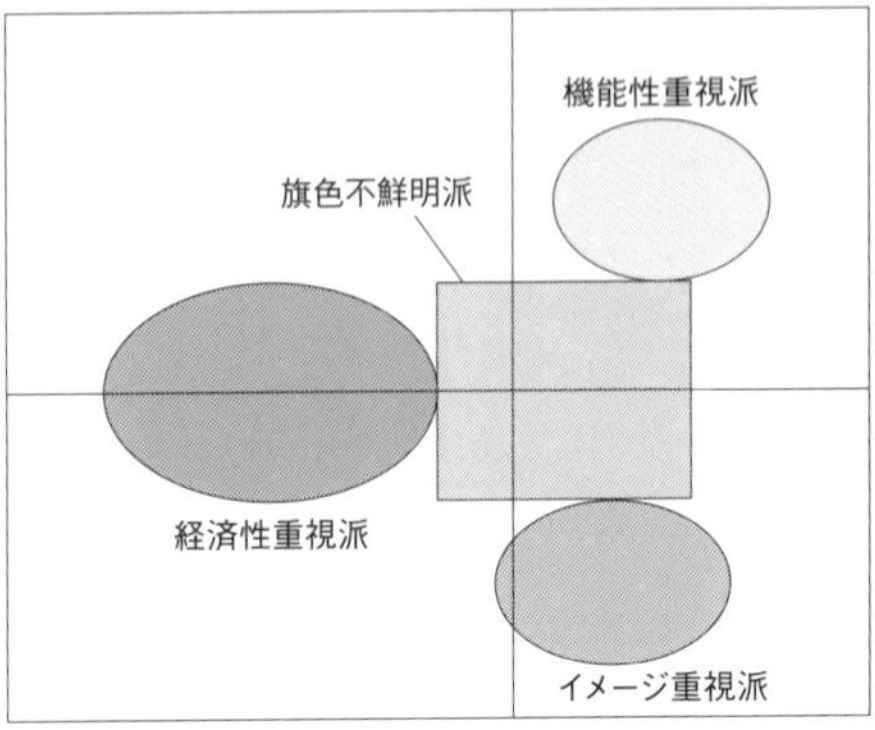

原点周辺に、機能性重視派、経済性重視派、イメージ重視派のいずれにも属さない「旗色不鮮明派」のかたまりがある。

指すうえでは大切です。

この意味において、戦略的なターゲットはむしろこの層であり、この層にいかに訴求するプロモーションを展開するかが重要であるともいえます。

おそらくこの層も、機能性や経済性やイメージに対する反応パターンには差があるはずですし、また、これ以外の軸が重要な購買行動要因になっているかもしれません。しかし、この段階で見えない相手に全方位の訴求を考えると、せっかくの特徴はどんどん薄まって、イメージ重視層に対する訴求力も失われてしまいます。

であれば、そもそも旗色不鮮明派が出ないような分析軸を考えればよいのでは？と考える読者もいらっしゃるかもしれません。散布図は分析者の意のままに何通りの組合わせも可能なのですから。

でも、うまく分けることが、分析の目的ではありません。実務レベルで最大の成果をあげるために現実と向き合うことが、市場調査の役割です。せっかくイメージ重視の需要層を浮き彫りにできたのですから、その軸をあれこれ変更して、ターゲットの特徴を薄めていくのは好ましくありません。

イメージ重視のプロモーション戦略を適用できる層が確実に存在することが判明したのですから、マーケティング部門はここを起点とした次の一手に集中すべきです。

戦略の有効性は確認できた。しかし、トップシェア奪還のためには浮動層の取り込みが不可欠である。とすれば、検討すべきは、イメージ訴求戦略における浮動層をこちらの側へ惹きつけるために何をすべきか、ということでしょう。

完璧な分類を目指すのではなく、不明確な現実をそのまま受け入れつつ、そこから論点を発展させていくことが大切です。

第8章

自然公園がもたらす経済効果は？

お金で買えないものに値段をつける方法

自然公園は開発コストに見合う価値があるのか?

安心・安全の価値をお金に換算してみる

本章では、ある調査手法を通じて、物事を多面的にとらえることの有用性を紹介してみたいと思います。

デフレからの脱却策として再び光が当たってきた公共事業ですが、行政改革や財政健全化という社会的要請のなかで事業を見る目の厳しさは変わりません。徹底した経済合理性が求められるとともに、事業を行う社会的意義そのものがあらためて問われつつあります。

こうした状況もあって、わが国でも公益的なサービスや公共事業の経済性を分析する手法（費用便益分析法）の研究が進んできました。

このなかで注目されているアプローチが**「仮想的市場評価法」**（Contingent Valuation Method）、略して**CVM**という手法です。これは、市場において価格が形成されていない公益的価値をお金に換算するための手法です。たとえば、住宅地における安心・安全の価値、都会のなかの緑地の価値、あるいは電柱や電線を地中埋設することで向上する街の景観の価値、そして、第4章で話題となった里山のような自然そのものの価値などをお金に換算します。

本論に進む前に、まず公共財の価値とは一体何かを考えてみましょう。

A市は大手私鉄沿線有数の住宅街ですが、第一世代はすでに高齢化し、子世代の独立が進んだ結果、街全体の活気が急速に失われつつあります。そこで、市では私鉄系のディベロッパーと連携し、駅周辺に医療機関や文化施設など公共施設を集中させるとともに、高齢者向けのマンションを開発しました。

市の狙いはこうです。

駅から離れた高台の分譲一戸建てに住む高齢者に、駅に隣接した利便性の高いマンション生活を提案する。一方、彼らの一戸建て住宅は市がいったん借り受け、若い世代に賃貸する。これによって、高齢者は生活が便利になるだけでなく、大切な資産をそのまま保全できるし、家賃収入でマンションの賃料が補填されます。また、若い世代、とりわけ子育て世代にとっては庭付きの一戸建ては魅力的です。

市は、住宅の借り受けに際して一時的にリスクを負うものの、新たな若い住民を呼び込むことができれば街の活性化につながります。この施策は、少子高齢化の波に飲み込まれ、次第に活力を失いつつある「郊外」の活性化策として全国的に注目されるとともに、実際に当初の期待以上の成果をあげつつあります。

施策の成功に自信を深めたA市長は、街の魅力をさらに向上させるために、市の遊休地を子どもたちが泥だらけになって遊べるような、本格的な自然公園として整備したいと考えました。市長はこれを市長選挙の公約に掲げ、再選を果たしました。

自然公園にはどんなメリットがあるか

プランでは、アスレティックなどの遊具施設はもちろん、バーベキューエリアや自然観察園なども整備します。また、子どもたちが自然のなかで安全に遊べるようにボランティアの指導員も配置する計画です。近隣の住民だけでなく、多くの市民の憩いの場となるような公園づくりを目指します。

それだけに、市にとって開発費用は小さな負担ではありません。年間の維持費用も相当額が見込まれます。議会では事業費の妥当性について精査すべきという発言もあり、また、住民の一部からは交通量の増大など、負の側面もあることが指摘され始めました。

公約の実行段階になって、ちょっと雲行きが変わってきたようです。そこで、事業の発案者であり推進者でもある市長は、より多くの市民の理解が得られるような材料を集めるよう事務方に要請しました。早速、事務方はプロジェクトチームを編成し、検討に入りました。

「最初に事業の賛否を問うアンケートを行うべき」とのアイデアも出ましたが、賛成反対の数を集計するだけでは説得力がないという結論になりました。そこで、「事業から得られる公益的な価値を金額に換算できれば、事業費用に対する理解が得られやすいのではないか」と検討しました。

プロジェクトチームは、公園が市民にもたらす効果やメリットについて検討を始めました。まず、子どもたちに遊び場所を提供すること、これがそもそもの公園整備の趣旨です。つまり、直接的な受益者は子どもたちで、彼らにとっての効用は「楽しい」ということに尽きるでしょう。

両親にとっては「安心・安全」「情操的な効果」「元気で健康な子」「身近で安価なレクリエーション施設」といった効用を期待できます。やはり、子どもを育てるといった視点からの便益が中心ですね。

子育てに直接関係のない住民にとっても、住環境の向上による街の人気度アップ、それに伴う資産価値の上昇などが期待できそうです。

図表8－1に受益者と期待される効用をまとめてみました。チームでは、これらの便益や期待される効用について、お金に換算できる方法がないか考えました。

「子どもの心身の健康」の価値は？

「便益・期待効果」の①②③について見てみましょう。

まず、子どもたちにとっての効用「楽しい！」について考えてみました。子どもたちにとってはかけがえのない便益ですが、お金に換算するのはどうも難しそうです。

では、「子どもの心身の健康」の価値はどうでしょう。本人はもちろんですが、両親にとって何にも代え難い価値です。しかし、お金に換算できるかといえば難しそうです。そこで、逆の状態（心身ともに健康ではない状態）を想像してみます。

心身ともに健康ではない状態とは、つまり医療費がかかるということです。「そうだ、この金額が予測できれば！」と思いました。しかし、自然公園で遊ぶことが将来的な医療費負担をどれだけ軽減させるか、さっぱりわかりません。

このような議論をしているなか、メンバーの一人が、ある健康食品会社が展開している『野外遊び塾』というサービスのパンフレットを持ってきました。これは、自然のなかでの「遊び」を子どもたちに有償で指導するプログラムです。参加料は1人1500円で、雑木林で昆虫を観察するなど季節に合わせた2時間程度の野外遊びを体験できます。

8-1 自然公園ができるとどんなメリットがあるか

受益者	便益・期待効果
子どもたち	①楽しい！
ご両親・ご家族 近隣住民 広域住民	②子どもの心身の健康 ③自然との触れ合い＝情操教育 ④徒歩圏にあることの利便性 ⑤コンビニ、外食等の新規出店 ⑥身近で安価なレクリエーションの場 ⑦公共交通の利用者増→バス等の路線拡充
駅周辺商店街	⑧広域エリアからの入込数の増加による購買力のアップ
駅周辺へ転居したシニア層	⑨地域の魅力向上
電鉄会社、関連会社	⑩資産価値の上昇 ⑪沿線の魅力の向上、事業機会の増加
地元自治体（市）	⑫人口増、地域経済の活性化、 地元雇用・税収入の増、財政の健全化
社会	⑬自然環境の維持・保全

そこでひらめきました。自然のなかで子どもを遊ばせることの価値は、1人2時間あたり1500円と仮定できるのではないか？

そうであれば、これに推定来園者数と平均滞在時間を乗じることで、子どもたちに自然の遊び場を提供することの事業価値が測定できるのではないか。もちろん、他社の類似サービスについて調査する必要はあるし、「専門家による遊びの指導」という付加価値を割り引く必要もあるでしょう。しかし、こうした実際のサービス価格を目安として価値を測定することは説得力が高そうです。

しかも、この値段には子どもたちの「楽しみ」や自然との触れ合いを通じて得られる情操教育という価値も含まれていると解釈でき、すなわち、④を含む①②③の便益をここから推計できるのではないか、とプロジェクトチームは考えました。

次に⑤の「コンビニ、外食等の新規出店」。多くの人が集まる公園が整備されると、新たな消費需要を見込んでコンビニやファミレスなどの新規出店が促され、生活が便利になるのではないかという期待はどうでしょうか。

経済効果という点においては、出店投資額の大きさと地元の人たちの消費支出がこれまでより増えるかどうかがポイントです。ただ、現時点ではどこに新しいお店ができるのか、また、それがどんなお店かわからないので、経済効果を推計するのは難しそうです。

同じタイプの公園からデータを得る

⑥の「身近で安価なレクリエーションの場」はどうでしょう。これは近隣自治体の住民を含む広域エリアまで効用の範囲が広がるということです。遠方からの移動にかかるコストは、この公園がなければ発生しない新たな経済効果といえるでしょう。

これは、同じような立地で、同じようなタイプの公園における広域来園者の実態がわかれば、そのデータを適用できるかもしれません。公園の出入り口で、どこから来たのか、移動手段は何かなどを来園者に問うことで推定の根拠となるデータを入手することができそうです。

⑦の「公共交通の利用者増→バス等の路線拡充」は、通勤通学にバスを利用する人にとっては価値が大きそうですが、土曜や休日の昼間のバス便は増えても、平日の朝夕はどうでしょうか。もちろん、公園が誘発効果になってこの地域の人口が急増すればバス便の増発も考えられますが、ちょっと先の話のような気がします。

⑧の「購買力アップ」は⑥と関係します。広域エリアからの来園者が、駅前の商店街でお弁当や飲み物を買うことによる経済効果です。遊び疲れた帰り道、駅に隣接し

たレストランで食事を楽しんでいく家族も少なくないでしょう。こうした地元に落ちるお金はまさに経済効果です。

しかし、こうした効果を推計するための根拠となるデータはどこにもないので、⑥で検討した来園者調査の活用を検討することにしました。

⑨の「地域の魅力向上」はどうでしょうか。これは結果として、⑩の「資産価値の上昇」につながるものと思います。資産価値の上昇は、不動産取引価格や賃料というまさに金額データを使うことができるのでわかりやすいですね。ただ、同じような条件下におけるデータを見つけることができるかが課題です。

⑪「沿線の魅力の向上、事業機会の増加」は、①~⑨までの総合評価ともいえますが、人の出入りが増え、かつ中長期的なスパンで居住人口が増えるなど、街そのものの成長期待は多様な投資を呼び込むことにつながります。

したがって、経済効果という意味では、⑧⑨⑩の流れがあってからの⑪でしょうから、ずいぶん先の話ということができます。

市にとっての経済メリットは？

いよいよ、⑫「人口増、地域経済の活性化、地元雇用・税収入の増加、財政の健全化」です。事業主体としての市、市議会、そして市民を説得するためには、市にとっての経済メリットを表現することがもっとも大切です。

まず経済効果や雇用効果ですが、これは⑥⑧で得られたデータを市の産業連関表（**図表８－２**）に投入することで、市内と市外への経済波及効果を分離して算出することができます。たとえば、お弁当を一つ購入すると、小売店の売上げがあがりますが、同時にそれは材料の仕入れ業者に波及し、また生鮮品生産者や運

8-2 市の産業連関表で経済波及効果を考える

需要部門（買い手）／供給部門（売り手）		中間需要 1 農林水産業 2 鉱業 3 製造業 ［生産される財・サービス］	計A	最終需要 家計外消費支出 消費 固定資本形成 在庫 輸出	計B	（控除）輸入C	国内生産額 A+B−C
中間投入	1 農林水産業 2 鉱業 3 製造業 ［生産される財・サービス］	生産された財・サービスの原材料および粗付加価値の構成		生産された財・サービスの販売先の構成 ［産出］			
	計D						
粗付加価値	家計外消費支出 雇用者所得 営業余剰 資本減耗引当 間接税 （控除）補助金	［投入］					
	計E						
国内生産額 D+E							

●行生産額（A+B−C）と列生産額（D+E）は一致する。

●粗付加価値の合計と最終需要－輸入の合計は一致する。

輸業にも影響を与えます。

産業連関表は、こうした産業間の取引の関連性を、業種業界の平均的な取引構造とマージン率などから推計するモデルです。ここから、法人税収入や雇用効果などを見込むことができます。また、⑩からは固定資産税なども推計できそうです。

最後に、この施策は、人口増に貢献し得るでしょうか。

街そのものの価値は、結果的に賃料や地価に反映されるとみなすことができます。そこで、⑩で参考とした街の資産価値の変化をベースに、街の人気度調査や若い世代層の人口動態などを参考にして、総合的に検討することとしました。


プロジェクトチームは、自然公園がもたらす新たな価値をこのように一つひとつ検討し、経済的効果を提示しようと考えました。

もちろん、それぞれの価値は完全に独立したものではなく、また、時間軸が異なるものもあります。しかし、事業の意義を広く一般の人に理解してもらうための目安としてはわかりやすいのではないかと考えました。

さて、⑫までは何とか自然公園の金額評価の方向性が見えてきましたが、⑬「自然環境の維持・保全」にきて、はたと困ってしまいました。

　現行の遊休地を市が自然公園として整備することは、自然環境を公的に維持・管理するということでもあります。これはまさに、自然を保全するという意味において大きな社会的効用といえるでしょう。しかし、どのように評価すべきか皆目見当がつきません。そこで先行事例を探してみることにしました。

日本の森林の価値は75兆円

　仮想的市場評価法（ＣＶＭ）は、公共事業や自然環境など、市場で価格形成が行われない非市場財の経済的価値を評価する手法です。

　一言で説明すると、「評価対象となる非市場財から便益を受けるために、自分が支払ってもよいと思う金額をアンケート調査によって問う」調査方法です。

　自分自身の支払い意思額をベースに評価を行うので「表明選好法」といいます。表明選好法としては、ＣＶＭのほかにコンジョイント分析が有名ですが、これらと大別される評価方法に「顕示選好法」があります。その代表的な方法がトラベルコスト法、ヘドニック法、代替法です。ＣＶＭの理解を深めるために、まず三つの顕示選好法を紹介します。

　じつはこれらの方法は、すでに①～⑫について考えるときに使っています。

トラベルコスト法は、A市のプロジェクトチームが検討した自然公園に来園する人が支出する交通費やお弁当代などの総額を推計し、自然公園の価値を評価する方法のことです。ただ、この評価法で測定されるのは自然公園のレクリエーション施設としての価値に限定されます。

ヘドニック法は、事業の価値は地価に反映されるものと仮定して、地価の変化分を事業価値とみなす方法です。地価などに関するデータは比較的入手しやすいのですが、適用範囲はかなり限定されます。

代替法は、評価対象となる事業や財と同等の価値をもつ私的財などに置き換えることで、対象の価値を金額換算する方法です。プロジェクトチームが、自然公園で子どもたちが遊ぶことの価値を、民間企業の類似サービスとの比較から検討しようとした発想です。ただし、この場合もまったく同じ価値を有するとはいえませんし、本当に代替できる私的財を見つけるのは意外に難しいといえます。

図表8－3をご覧ください。2000年9月の林野庁のプレスリリースからの抜粋です。若干古いデータですが、林野庁では、日本の森林がもつ公益的な価値を水源かん養機能、土砂流出防止機能、土砂崩壊防止機能、保健休養機能、野生鳥獣保護機能、大気保全機能の総体であると定義し、それぞれの価値を代替法で評価し、合計約75兆

8-3 日本の森林の公益的機能はいくら？

森林の公益的機能の評価額(74兆9900億円／年間)

水源かん養機能	降水の貯留 8兆7400億円 洪水の防止 5兆5700億円 水質の浄化 12兆8100億円	森林の土壌が、降水を貯留し、 河川へ流れ込む水の量を平準化して洪水、 渇水を防ぎ、さらにその過程で 水質を浄化する役割
土砂流出防止機能	28兆2600億円	森林の下層植生や落葉落枝が 地表の浸食を抑制する役割
土砂崩壊防止機能	8兆4400億円	森林が根系を張り巡らすことによって 土砂の崩壊を防ぐ役割
保健休養機能	2兆2500億円	森林が人にやすらぎを与え、 余暇を過ごす場として果たしている役割
野生鳥獣保護機能	3兆7800億円	森林が果たしている野生鳥獣の 生息の場としての役割
大気保全機能	二酸化炭素吸収 1兆2400億円 酸素供給 3兆9000億円	森林がその成長の過程で二酸化炭素を 吸収し、酸素を供給している役割

算出根拠

○水源かん養機能

⁝

○保健休養機能……森林レクリエーションに投入されている費用をもって評価。日本観光協会による調査をもとに、レクリエーション消費額に、旅先での行動で「自然の風景を見る」と回答した者の割合及び自然を構成する地目のうちの森林の割合(0.79)を乗じて評価。

○野生鳥獣保護機能……野生鳥獣の保護、遺伝子資源の保全、魚類の生息環境の保全などの森林のもつ生物多様性保全機能のうち、野生鳥獣保護機能について、森林性鳥類の餌代で評価。日本における森林性鳥類(留鳥＋夏鳥)の生息数を約１億5000万羽と推定し、動物園で飼育した場合の年間の餌代を乗じて評価。

⁝

(2000年9月6日／林野庁プレスリリースより)

円と試算しました。

算出根拠を見ていただければ、市場で価格が形成されない財の価値をどのようにお金に換算するのか、おおよそのイメージがつかめると思います。「なるほどなあ」といった印象とともに、似て非なるものでなんとか金額に置き換えているといった印象も残ります。「かなり無理しているな」と感じた方も少なくないと思います。

CVMの具体的な手順

さて、それではCVMです。

この評価手法が注目される契機となったのは、1989年3月にアラスカ沖で発生したエクソン社の原油タンカー、バルディーズ号による原油流出事故です。

膨大な原油流出による重大な環境破壊は、企業の社会的責任をあらためて浮き彫りにしました。漁業への影響や流出した原油の除去費用の負担などの問題はもちろんですが、自然の生態系を破壊したことに対する企業の責任が大きな問題となりました。そして、生態系破壊に対する損害賠償額そのものが争点となりました。

そこで全米の市民を対象にCVMによるアンケートを実施しました。「バルディーズ号の原油流出は大規模な生態系破壊を招きました。二度とこのような事故が起こらないようにするための保護プログラムの導入に賛成ですか」と問いかけたうえで、回答者に世帯あたりで許容可能な負担額を質問しました。

アンケートからは、1世帯あたり30ドルという支払い意思額が算出されました。

この金額を全米の世帯数に乗じ、破壊された生態系の経済価値を総額28億ドルと推計しました。これがCVMによる経済評価の一例です。この金額をベースに、エクソン社と連邦政府・州政府との間で協議がなされ、最終的に10億ドルで合意しました（『環境の価値と評価手法』栗山浩一著、北海道大学図書刊行会）。

CVMの具体的な手順を見てみましょう。

最初に評価対象となる事業や財の範囲を明確にし、次に調査を設計します。調査設計においてとくに大切なのは、便益を受ける範囲、つまり母集団の範囲と仮想的な状況をどう設定するかです。

事業が実施される場合とされない場合、財がある場合と財が失われる場合などの状況について、できるだけ恣意性を排除して説明する必要があります。基本的な流れは**図表8－4**のとおりです。まずは、CVMを適用することの妥当性の検討からスタートします。

「自然公園整備の経済価値評価にCVMを適用させることは妥当であるか」という問いが最初の関門です。結論からいうと有効です。

A市のプロジェクトチームが検討してきた顕示選好法を駆使した評価方法は、その正確性はさておき、公共財の評価方法のアプローチとして的を外しているものではありません。

林野庁が試算した日本の森林の価値評価額も「高いのか安いのかよくわからない」「算出根拠に納得がいかない」と感じた方も少なくないと思いますが、「代替法という手法を使って、森林の価値を機能別にそれぞれ明確に定義し、前記した算出根拠で試算した75兆円」という評価自体を否定することはできません。

「その方法で算定されたという範囲において正しい」ということです。プロジェクトチームの顕示選好アプローチも、その前提条件においては有効です。

ただ前述したとおり、自然公園の価値をすべて同じ基準で評価しているものではありません。自然公園の価値には、顕示選好法ではカバーしきれない自然そのものを保全することの価値も含まれているはずです。適用範囲が非常に広いCVMは、事業の価値を総体として評価するうえで有効です。

また、何よりも実際に便益を受け、一方で住民税という形で費用を負担することになる市民自身が、自然公園から得る便益全体に対して表明する支払い意思額の意味は軽くありません。そう、ＣＶＭはこれ一本で事業の価値や効用の総額を評価できる、いわば「魔法」の調査法です。

市民はどれくらい支払う意思があるか

しかし、魔法は簡単に扱うことはできません。

「……適用事例も増加している。しかしながら、ＣＶＭの適用対象としている効果の内容や適用方法については、必ずしも事業分野間で整合性が保たれているとは言えない……」

「……ＣＶＭの適用の仕方に未熟な面が残り……調査方法や計測精度等の課題につい

8-4 仮想的市場評価法（CVM）の実施手順

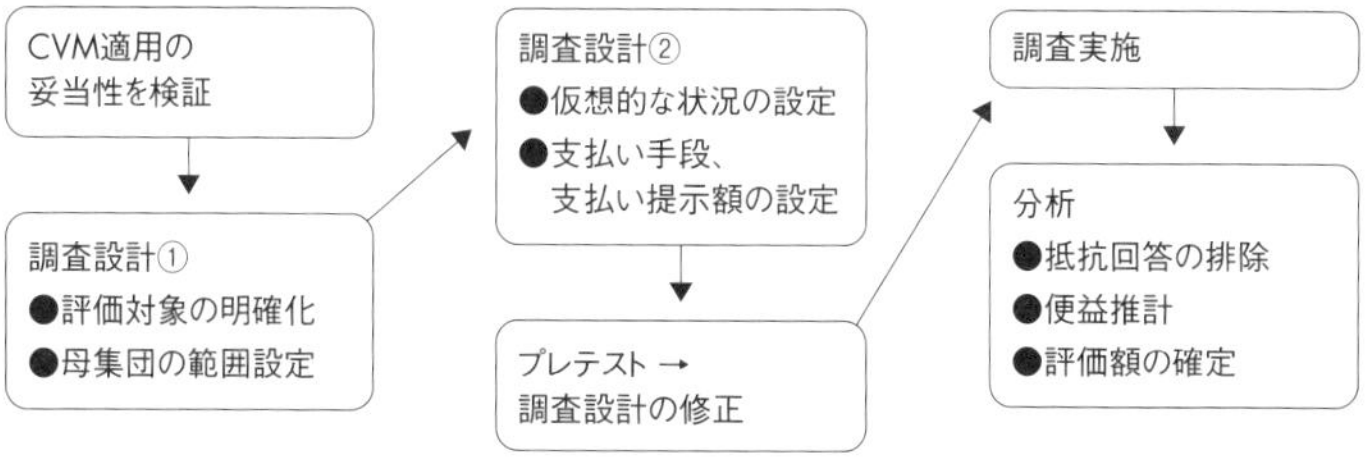

て、しばしば指摘がなされている」

これらの記述は2009年7月付けで国土交通省がリリースした「仮想的市場評価法（CVM）適用の指針」の序文からの抜粋です。

CVMは、設計、実施、集計・分析の各フェイズにおいて他の調査手法とは異なる配慮と技術が必要です。まだまだ発展途上の統計分析手法といえるかもしれません。万人が使えるものではないという意味でも「魔法」かもしれませんね。

さて、CVMについての理解が少し深まったところで、最後にA市の事例で実際に挑戦してみましょう。

調査設計に際しては、母集団（便益を受ける範囲）をまず定義する必要があります。この場合であれば、主な受益者は地域住民ですが、広域からの集客も想定できます。どこまでを受益範囲とするかが問題となりますが、ここでは、実際の費用負担が発生するA市を母集団とすることが適切かと思います。

アンケートでは、期待される便益や効用をもれなく、できるだけ客観的な視点で説明することが大切です。事業が実施された場合の状況と、実施されなかった場合の状況について、回答者が具体的にイメージできるよう説明します。そして、支払い意思額を問います。「あなたの世帯では、この事業の費用としていくらまで支払うことができますか？」と。

このとき、どのような支払い方法を提示するかが問題となります。「住民税に5年間にわたって上乗せする」とか、「新たな目的税を設定し10年間お支払いいただく」などです。支払い単位を個人とするか、それとも世帯とするかもポイントです。

支払い意思額の表明方法にも配慮する必要があります。代表的な質問方法として「二項選択方式」があります。

これは、最初に「この事業のためにあなたは1年間に

8-5 実際に行われたCVMによる調査と評価額

	WTP※/世帯中央値			WTPに母集団数を乗じた評価額	
調査テーマ	実施年	中央値	平均値	中央値/年	平均値/年
全国的なシカの食害対策の実施により保全される生物多様性の価値	2013	1666円/年	3181円/年	約865億円（全国）	約1653億円（全国）
奄美群島を国立公園に指定することで保全される生物多様性の価値	2013	1728円/年	3227円/年	約898億円（全国）	約1676億円（全国）
沖縄県やんばる地域における絶滅危惧種の経済価値評価	2012	772円/年	1921円/年		
熊本市における地下水涵養機能保全政策の評価	2003	1045円/月	2287円/月	約33億円（熊本市）	約71億円（熊本市）

※WTP＝1世帯の支払い意思額　　（環境省自然環境局ホームページより）

1000円を負担することに同意しますか」などと問うてから、「はい、同意します」の場合はさらに高い金額について、「いいえ、同意できません」という場合は、最初に提示した額より低い金額について支払い意思を問います。いずれの場合も、最後に「それでは、いくらまでであれば支払うことができますか」と具体的な金額を表記してもらいます。

このようにして、支払額を絞り込んでいきます。また、支払いカード方式といって複数の金額を提示し、そのなかから一つを選んでもらうアンケート方式も一般的ですし、自由回答方式で行うこともあります。いずれにせよ金額を提示する方法を採用する場合は、プレテストなどを行って適切な提示額を設定する必要があります。

このような方法で1世帯あたりの支払い意思額を問い、集計し分析します。最終的には、A市の世帯数に1世帯あたりの支払い意思額の平均を乗じて自然公園整備の経済評価額とします。

さてさて、これで本当に評価できるの？　評価された額は本当に信用できるの？といった声が聞こえてきます。では、あなたなら、この事業に対して年間いくらまでの支払いに同意しますか。

自然公園があなたの住む街に計画されたと仮定し、あなたの世帯で支払うことのできる金額を自由回答方式で考えてみてください。そして、その金額を調査結果の平均値とみなし、あなたの暮らす市区町村の総世帯数を乗じてください。

その金額が仮想的市場評価法（ＣＶＭ）によるあなたの街の自然公園整備事業の経済評価額となります。

参考までに、日本で実際に行われたＣＶＭによる調査と評価額を載せておきます（**図表８－５**）。

第9章

統計的アプローチで発想するということ

モノゴトの関係性を数字を使ってとらえる手順

朝食をとることや出社の時間は仕事の成績に関連するか?

日常の行動を科学的に再現する

ここまで読んでくださった読者の皆様に感謝申し上げます。統計的なアプローチのおもしろさの一端を、伝えることができたのであれば幸いです。

できるだけ数式や専門用語を避けてきましたが、それゆえに物足りなさを感じた方も多かったかと思いますし、それでもときどき登場する専門的な用語に困惑された方も少なくないと思います。うまく説明できないのは、筆者の力不足ゆえでありご容赦いただければ幸いです。

すでにお気づきの読者も多いと思いますが、統計的なアプローチといっても特別なものではありません。ふだんの生活のなかで私たちがものごとを見て、感じて、理解して、判断していくプロセスのほんの一部を科学的に再現しているにすぎません。

しかしながら、やはり「科学的」というところが大切であり、誰もが同じ条件下で、同じアプローチで数字に向かい合えば同じ分析結果を得ることができるのが、科学の科学たる所以です。また、統計的なアプローチは、思い込みに走りがちな人や「木を見て森を見ない」人、あるいは細部に注意を払わないタイプの人にとっても、それぞれの欠点を補ってくれるはずです。

統計学の学問的進歩と応用領域の広がりは、研究者の方々の努力の賜物です。その成果を享受する私たちもまた、これを実践において正しく活用し、社会、経済の健全な発展に貢献しなければならないという思いをあらためて強くした次第です。

本書を読んで、統計的な発想法や考え方に興味をもった方は、ぜひとも統計学の入門書や関連の専門書へと知的好奇心の歩みを進めていただきたいと思います。

ただせっかくですから、最後にごく簡単な計算に挑戦してみたいと思います。エクセルが操作できる人であれば簡単に計算できます。時間に余裕のある日曜の午後などに、ぜひともご自身でやってみてください。

数字が苦手な方、すでに統計に関する基礎的な知識をおもちの方は、ここで本を閉じていただいて結構です。


営業第1部の近藤部長はここ数カ月間、予算達成に苦戦しています。

メンバー7人のうちいつも3人が目標に届きません。Aさん、Bさんの2人が予算比110％近い数字で部の業績を引っ張ってくれていますが、2人ともこの状況をやや負担に感じ始めています。

「このままでは部の予算はもちろん、やる気のある社員の士気を維持することも難しいのではないか」と近藤部長の危機感は募るばかりです。そこで、いつも成績上位のAさん、Bさんの行動を全員に真似させれば部門が活性化できるはず、と考えました。近藤部長は、Aさんがいつもしっかり朝ご飯を食べてくることを知っています。また、Bさんは部で一番早く出社しています。そこで、朝食を食べ、朝早く出社する習慣をつけさせることを考えました。

短絡的ともいえる発想ですが、一方で、日頃から「データを重視しろ」と部下を指導していることもあり、何らかの裏づけをとろうと思いました。

会社はフレックスタイム制ですが、営業第1部は基本的に9時出社が不文律になっており、各人の出社時間は営業日報に記録されています。近藤部長はそれに加えて、朝食を食べたかどうかを営業日報に書かせることにしました。

図表9－1は、7人の3カ月間のデータです。

xは「朝食を食べて出社した日数の比率（朝食率）」、yは「出社時間を定時との差で表した数字（出社時間）」です。マイナス10は9時10分前、つまり8時50分に出社したという意味です。zは「月次営業予算の平均達成率（営業成績）」です。

数字が並んだら、とにかくまず表をつくり、合計を計算し、平均値を算出するくせをつけてください。これが統計的な思考プロセスを手に入れるための第一歩です。

さて、これを見た近藤部長は、「案の定だ。E、F、Gは朝食をほとんど食べていないし、出社時間もギリギリだ。これじゃあ、予算など達成できるはずはない！」と納得しました。早速、部員全員を集めて檄《げき》を飛ばしました。

「明日から全員朝食をしっかり食べてこい。そして、遅くとも10分前には出社せよ！これは命令だ！　よし、これで全員予算クリア間違いなしだ！」

朝食・出社時間と成績の関係を探る

部長の大号令があったものの、みんな釈然としません。Bさんはたしかに早朝出社ですが、朝食はほとんど食べていません。Cさんは3日に2日は朝食をとっていま

9-1 朝食率、出社時間と営業成績は関係があるか

	x	y	z
	朝食率（%）	出社時間（定時との差、分）	営業成績（予算比、%）
Aさん	95	-10	110
Bさん	5	-40	108
Cさん	60	5	100
Dさん	100	-5	101
Eさん	33	0	93
Fさん	5	-10	91
Gさん	0	0	88
合計	298	-60	691
平均	42.6	-8.6	98.7

朝食率は朝食摂取率を、出社時間は定時との差を、
営業成績は月次営業予算達成率を表す。

すが、それが理由で営業成績が伸びたとは感じていません。また、朝食をとる日はどちらかといえば出社時間が遅くなりがちです。

朝食を食べて出社時間も早く成績優秀なAさんは、自分の習慣が今回の件の発端になったと思い、何となくみんなに申し訳なく感じていました。Aさんはふと、大学時代に一般教養で統計学の単位をとったことを思い出しました。

「そうだ。朝食と出社時間が本当に営業成績と関係があるのか、つまり、相関の強さを計算してみればわかるかもしれない」

統計学の理論や専門用語はすっかり忘れてしまいましたが、当時の教科書を引っ張り出して、パソコンを使って計算してみることにしました。

〈作業1〉散布図を作成し、平均、分散、標準偏差を計算する

データは近藤部長がまとめてくれています。まずは営業部7人の「朝食率」と「営業成績」との関係を散布図に表してみました。ヨコ軸が「朝食率」でタテ軸が「営業成績（予算比）」です（**図表9-2**）。

Aさんは、教科書に載っていた相関の強さを表すイメージ図を思い起こしました。

「散布図にプロットされたデータが直線に近くなるほど、関係は強いはずだ」（**図表9

ー3）。散布図を見ると、Bさんが例外に見えますが、なんだか関係がありそうです。

　それから、統計分析に欠かせない基礎的な統計量である「平均値」と「分散」を計算してみることにしました。

「分散というのは、たしかデータの散らばり方を示す統計量だったなあ」などと、うろ覚えですが、学生時代に習ったことを思い出しました。「標準偏差というのも大事だ。そうそう、分散は標準偏差の二乗って書くんだった」などと思い出しながら、まず、x、y、zの平均、分散、標準偏差を計算することにしました。

　平均は問題なく計算できるでしょう。分散は、7人のそれぞれの値と全体の平均値との差を二乗し、その総和を7で割ります

9-2 朝食率と営業成績の関係を散布図で見てみる

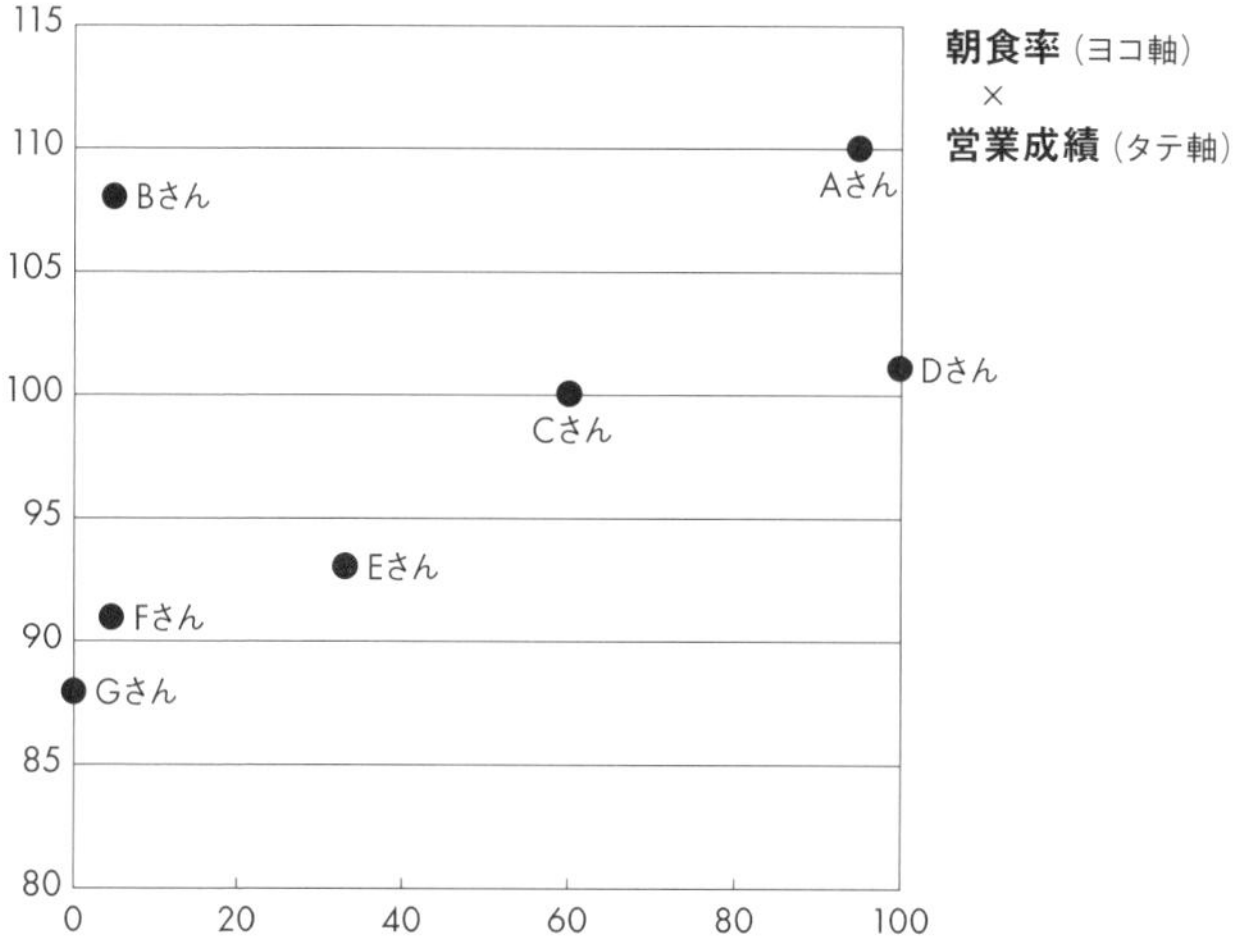

9-3 相関の強さを示すイメージ図（直線に近いほど関係が強い）

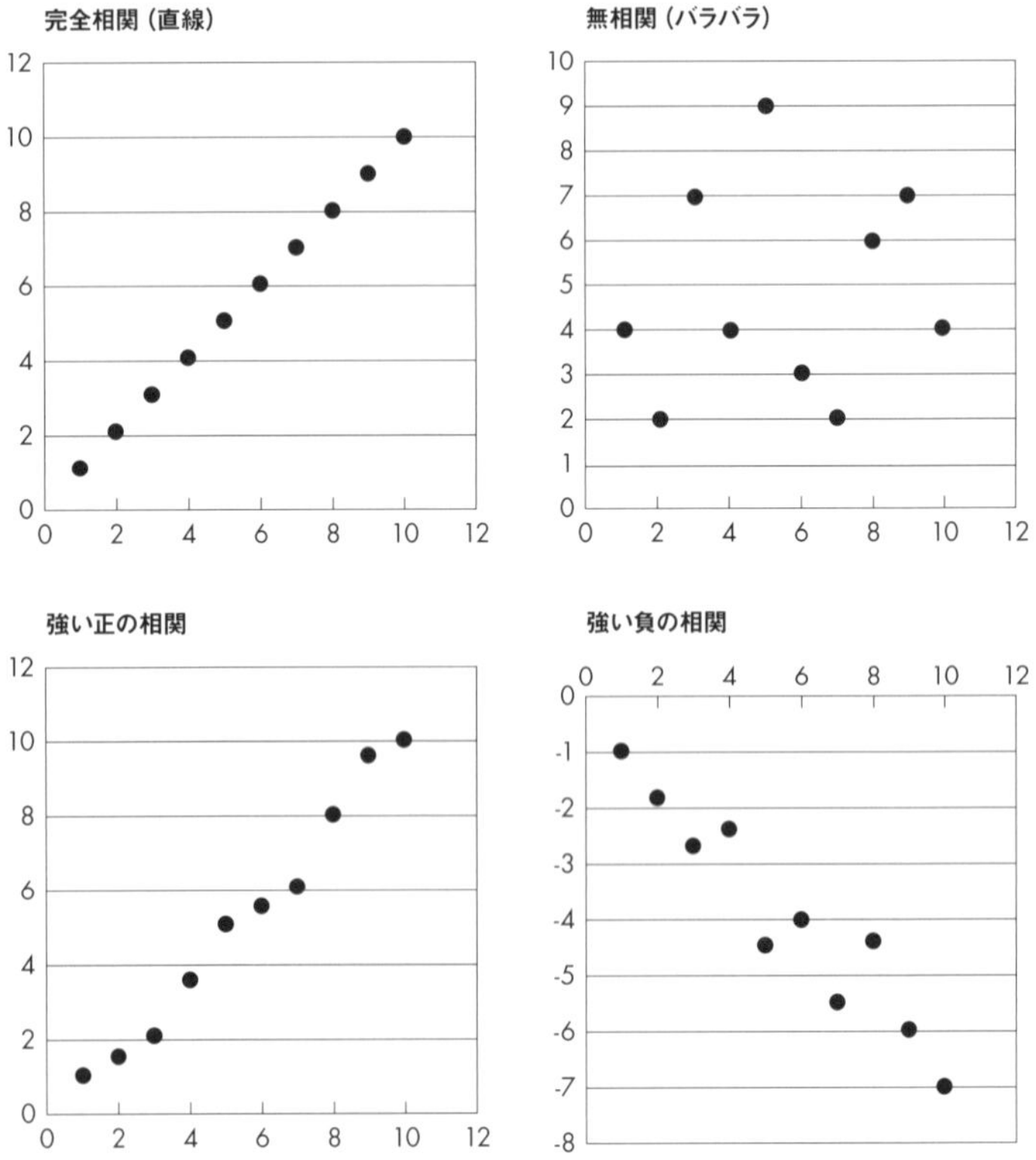

（データが母集団そのものではなく標本にもとづく場合は、データ数から1を引いた数で割ります）。

図表9－4のx（朝食率）について計算してみましょう。

図9－1にあるようにAさんの朝食率は95％です。この値から全体平均値を引いて二乗します。言葉でいうと「偏差の二乗」、式にすると$(95-42.6)^2$となります。これをGさんまで同じように計算し、これらを足して合計値を出します。これが「xの偏差の二乗の総和」です。データは7人分なので7で割ります。

この値がxの分散です。標準偏差はこの平方根です。同じようにしてyとzについても計算します。

9-4 平均、分散、標準偏差の計算結果

	x	y	z
	朝食率（%）	出社時間（定時との差、分）	営業成績（予算比、%）
平均	42.6	-8.6	98.7
分散	1582.531	190.8163	61.06122
標準偏差	39.78103	13.81363	7.814168

〈作業2〉まずは朝食率 xと営業成績 zの共分散を求める

「次はどうするんだったかなあ……。偏差の積か。それから共分散だ。2種類のデータの関係性を示すのか。言葉は難しいけど計算は簡単だ」。

Aさんはかつて使った教科書を見ながら計算を進めていきます。7人それぞれのxの値からxの平均値を引いた数値に、zの値からzの平均値を引いた数値を乗じた値の総和を計算して、それを7で割った数値が共分散です。Sxzと表記します。

〈作業3〉相関係数を求める

さあ、いよいよ相関係数です。ここまで計算を進めていれば、あとは簡単です。共分散Sxzを「xの標準偏差×zの標準偏差」の値で割れば、朝食率 xと営業成績 zの関係の強さを表す相関係数rxzとなります。

rの値はマイナス1から1の範囲内にあって、マイナス1または1に近いほど関係は強いと読み取れます。計算結果は0・55016でした（**図表9－5**）。

「微妙だなあ」。強くはありませんが、まったく関係がないともいい切れません。

同じようにして、出社時間yと営業成績 zの相関係数を計算します。

相関係数はマイナス0・54546でした。こちらは出社時間が早い、つまり9時

9-5 朝食率と営業成績の相関係数を求める

	x 朝食率（%）	z 営業成績（予算比、%）
Aさん	95	110
Bさん	5	108
Cさん	60	100
Dさん	100	101
Eさん	33	93
Fさん	5	91
Gさん	0	88
平均	42.6	98.7
分散	1582.531	61.06122
標準偏差	39.78103	7.814168

→

偏差x	偏差z	偏差の積
52.4	11.3	**591.6939**
-37.6	9.3	**-348.878**
17.4	1.3	**22.40816**
57.4	2.3	**131.2653**
-9.6	-5.7	**54.69388**
-37.6	-7.7	**289.8367**
-42.6	-10.7	**456.1224**
	偏差の積の総和	**1197.143**
	Sxz共分散	**171.02**

朝食率と営業成績の関係は微妙

偏差の積の総和 1197.143 → Sxz共分散 171.02 → rxz相関係数 0.55016

からマイナスであるほど営業成績がよくなるという関係にあるので、マイナスという値をとります。ただ、相関が強ければマイナス1により近くなるので、やはりこちらも微妙なところです。

出社時間yと営業成績zの相関係数の計算手順は次のとおりです。

①散布図を描き、平均、分散、標準偏差を求める（**図表9－6**）

②共分散を求める（**図表9－7**）

③相関係数を計算する（**図表9－7**）

相関係数ryz＝共分散Syz／（yの標準偏差×zの標準偏差）

さて、どうでしょう。出社時間と営業成績の関係も、まったくなくはありませんが強いとはいえません。朝食率と営業成績、出社時間と営業成績、いずれもそれぞれの関係性は強くはありませんが、ないともいい切れないので、とりあえず「回帰式」をつくってみることにします。

〈作業4〉回帰式をつくってみる

回帰式とは、これらの関係性があると仮定した場合の推計モデルです。ここでは朝食率を何％にすれば営業予算が達成できるか、9時よりも何分早く出社すれば営業予

9-6 出社時間と営業成績の関係はどうか

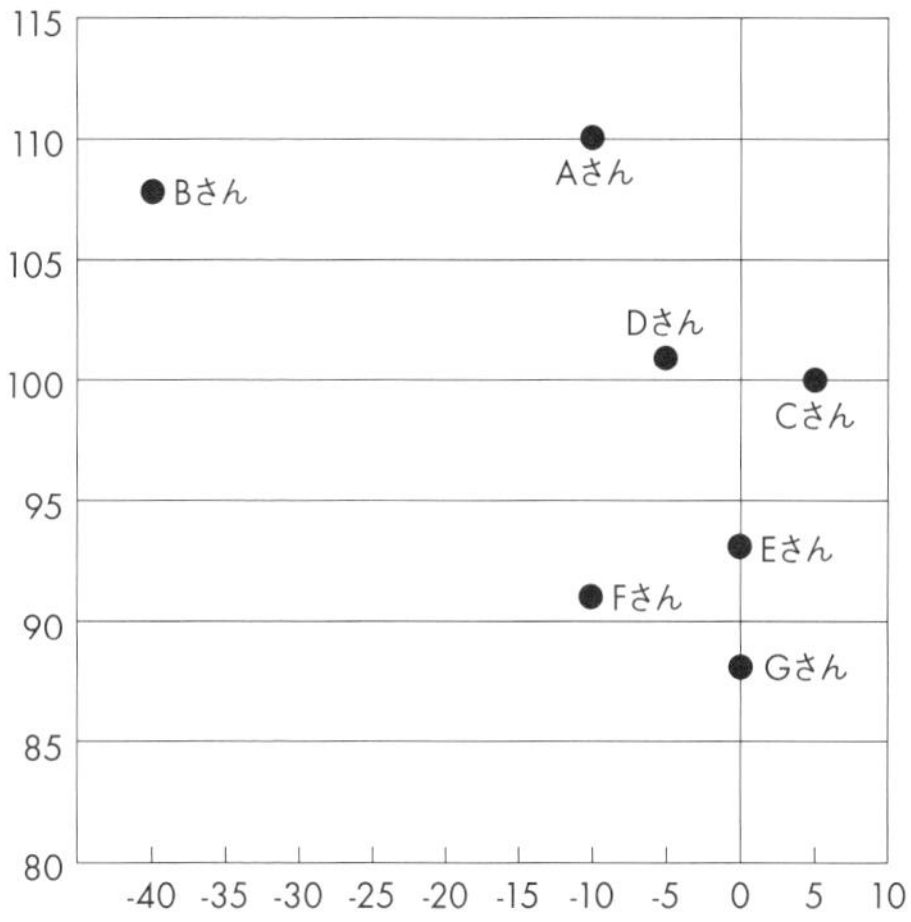

出社時間(ヨコ軸)
×
営業成績(タテ軸)

平均、分散、標準偏差の計算結果

	y 出社時間 (分)	z 営業成績 (予算比、%)
平均	-8.6	98.7
分散	190.8163	61.06122
標準偏差	13.81363	7.814168

算が達成できるかを予測します。

回帰直線は、一般にy＝ａｘ＋ｂという一次関数で表されます。傾き、つまりａは相関係数に（ｙの標準偏差／ｘの標準偏差）を乗じて計算します。切片ｂは、ｙの平均から（傾き×ｘの平均）の値を引いた値です。

これまでの計算結果を使って式をつくってみましょう。

朝食率ｘと営業成績ｚの直線回帰式は、ｚ＝０・１０８０７×ｘの値＋94・１１３７、出社時間ｙと営業成績ｚの直線回帰式は、ｚ＝－０・３０８６×ｙの値＋96・０６９５となりました。それでは、ｚすなわち営業成績を予算比１００％として、ｘとｙの値を計算してみてください。近藤部長のこんな声が聞こえてくるでしょう。

「朝食の摂取率を54・47％以上にしろ！　始業時間の12・74分前には必ず出社しろ！　そうすれば月次営業予算の達成率は１００％だ！」

ホントでしょうか？

三つの相関関係を同時に見る

さて、朝食率ｘと営業成績ｚ、出社時間ｙと営業成績ｚ、それぞれの関係性はわかりました。強くはないけど関係がなくもない、要するに「よくわからない」ことがわ

9-7 出社時間と営業成績の相関係数を求める

	y 出社時間（分）	z 営業成績（予算比、%）		偏差y	偏差z	偏差の積
Aさん	-10	110		-1.4	11.3	**-16.1224**
Bさん	-40	108		-31.4	9.3	**-291.837**
Cさん	5	100		13.6	1.3	**17.44898**
Dさん	-5	101		3.6	2.3	**8.163265**
Eさん	0	93	→	8.6	-5.7	**-48.9796**
Fさん	-10	91		-1.4	-7.7	**11.02041**
Gさん	0	88		8.6	-10.7	**-91.8367**
平均	-8.6	98.7			**偏差の積の総和**	**-412.143**
分散	190.8163	61.06122				↓
標準偏差	13.81363	7.814168			**Syz共分散**	**-58.88**

出社時間と営業成績の関係も微妙

偏差の積の総和 -412.143 → Syz共分散 -58.88 → ryz相関係数 -0.54546

かりました。そこで、最後にこれら三つの相関関係をまとめて見てみます。

本書ではこれまで何度か「相関行列」が登場しましたが、実際にこの計算に挑戦してみましょう。データ数が少なければ手計算でも計算可能です。最初に「分散共分散行列」という表をつくって、それを標準偏差で割れば完成です。xとz、yとzの相関については、それぞれの相関係数を個別に計算してきましたが、まだ計算していないxとyの関係も含めて、三つのデータの相関関係の全体像を同時に見ることにします。では、やってみましょう。

まず、これまで計算に使ってきたx、y、zのデータをまとめてみます。xとyの偏差の積はまだ計算していなかったので、同じように計算しておきます（**図表9－8**）。

次に、x、y、zそれぞれ2者間の関係をマトリクス化した表、つまり「分散共分散行列」の表をつくります。Aさんは間違えないように教科書をなぞりながら表（**図表9－9a**）を書いてみました。そして、それぞれのセルにあてはまる数値を、これまでに行った計算結果からもってきます。

基本的な計算結果は図表9－8にまとめてあります。たとえば、Sxxのセルにはxの分散の値1582・531を、Sxyはxとyの共分散ですから164・90をあてはめます。同様にすべてのセルに数値を代入していきます。

9-8 朝食率、出社時間、営業成績のデータを同時に見てみる

	x	y	z
	朝食率（%）	出社時間（分）	営業成績（予算比、%）
Aさん	95	-10	110
Bさん	5	-40	108
Cさん	60	5	100
Dさん	100	-5	101
Eさん	33	0	93
Fさん	5	-10	91
Gさん	0	0	88
平均	42.6	-8.6	98.7
分散	1582.531	190.8163	61.06122
標準偏差	39.78103	13.81363	7.814168

↓

	偏差x	偏差y	偏差z		偏差の積 xy	偏差の積 xz	偏差の積 yz
Aさん	52.4	-1.4	11.3		-74.898	591.6939	-16.1224
Bさん	-37.6	-31.4	9.3		1180.816	-348.878	-291.837
Cさん	17.4	13.6	1.3		236.5306	22.40816	17.44898
Dさん	57.4	3.6	2.3	→	205.102	131.2653	8.163265
Eさん	-9.6	8.6	-5.7		-82.0408	54.69388	-48.9796
Fさん	-37.6	-1.4	-7.7		53.67347	289.8367	11.02041
Gさん	-42.6	8.6	-10.7		-364.898	456.1224	-91.8367
				共分散	**164.90**	**171.02**	**-58.88**

最後に、**図表9－9b**のそれぞれの値をそれぞれの標準偏差で割って、相関係数を求めます。Sxxは「xの標準偏差」×「xの標準偏差」、つまりxの分散の値で割ります。Sxyは「xの標準偏差」×「yの標準偏差」の値で割ります（**図表9－9c**）。同じようにすべてについて計算し、相関行列の表をつくります（**図表9－9d**）。表の値は「数値の絶対値が1に近いほど関係が強い」と読みます。

さて、これを見ると、朝食率xと出社時間yとはほとんど関係がないといっていいでしょう。一方、朝食率x、出社時間yはすでに見てきたとおり、営業成績zと関係ありそうでなさそうです。そこでAさんは、はたとひらめきました。

「もしかしたら、朝食を食べたかどうかではなく、時間の使い方の問題なのではないか？」

自分自身は、朝食をとりながら業界紙を読み、その日に訪問する取引先や競合企業の情報をチェックしている。朝食をとらずに誰よりも早く出社しているBさんも、きっと営業関連情報の収集やその日の行動をシミュレーションしているのではないか。早速、AさんはBさんに尋ねたところ、やはりそうでした。

同様に出社時間がやや遅いCさんも、朝食をとる日もそうでない日も業界紙のチェックだけは行っています。Dさんは朝食を毎日食べていますが、彼は起床後まず

9-9 分散共分散行列をもとに相関行列をつくる

a 分散共分散行列をつくる

	x	y	z
x	**Sxx**	Sxy	Sxz
y	Sxy	**Syy**	Syz
z	Sxz	Syz	**Szz**

↓

b 計算した値をそれぞれにあてはめる

Sxxはxの分散、Syyはyの分散、Szzはzの分散を表す。値は図表9-8からもってくる。
Sxy、Sxz、Syzは共分散を表す。値は図表9-8で最終的に求めたものをもってくる。

	x	y	z
x	**1582.531**	164.90	171.02
y	164.90	**190.8163**	-58.88
z	171.02	-58.88	**61.06122**

↓

c 次に相関係数を求めるためのそれぞれの標準偏差を計算する

Sxx、Syy、Szzの標準偏差はx、y、zの分散と同じ。
Sxy、Sxz、Syzの標準偏差は、以下のように計算する。

xの標準偏差 × yの標準偏差 = 549.5204

xの標準偏差 × zの標準偏差 = 310.8557

yの標準偏差 × zの標準偏差 = 107.942

bのセルの値をそれぞれに対応した標準偏差で割り、相関係数を求める

↓

d 相関行列が完成

	x	y	z
x	**1**	0.300076	0.55016
y	0.300076	**1**	-0.54546
z	0.55016	-0.54546	**1**

ネットで業界の動きを確認し、それから朝食を楽しむとのことです。

統計的アプローチで発想し実践する

「そうか、要するに、早く出社しようがギリギリであろうと、朝食を食べようが食べまいが、やるべきことをやっている者が予算を達成するんだ！」

Aさんは早速、近藤部長に分析の結果を報告しました。近藤部長のよいところは、自分の考えにやみくもに固執することなく、部下の意見にも広く耳を傾け、合理的な提案であればただちに採用する点です。今回もAさんの進言を受け入れ、早速部下に大号令を発しました。

「就業時間前に業界の最新動向をチェックしろ！　元気が出るから朝食は必ず食べてこい！」

さて、ここで筆をおくこととさせていただきますが、最後に一言だけ。

同じ条件下で同じ数字を扱えば同じ結果が得られる。それが科学の素晴らしさであることはいうまでもありません。しかし、分析者が10人いれば同じ数字に対して10通りの解釈がなされても不思議はありません。そして、正しく考えられたのであれば、すなわち、解を導くプロセスに誤りがない限り、それらの解釈は常に〝その前提において〟正しいといえます。

大切なことは解釈の是非をいつまでも追求することではありません。「どの正解」を採用し、どう行動するかが問われるといってよいでしょう。

たとえば、ある調査において30％という数値が得られたとします。これを多いと読むか、少ないと解釈するか、そこに判断者の経験、知見、価値観のすべてが凝縮されます。判断者が考える「ありたい未来の姿」そのものの価値が問われているといってよいでしょう。統計的なアプローチで発想し、実践することの本質的な意味がここにあります。

自分自身で感じ、正しく考え、物事を時間の経過と社会との関連性のなかにとらえ、判断し、行動すること。迷ったらＧＯ！

これが本書で伝えたかったことのすべてです。

矢野経済研究所 代表取締役社長

水越 孝 みずこし たかし

1961年生まれ。慶應義塾大学文学部卒業。1989年、矢野経済研究所入社。流通、消費財関連の専門研究員として、調査実績を積む。流通、ファッション分野の経営情報誌「ヤノニュース」編集長、営業本部長、生活産業調査本部長などを経て、新規事業部門である戦略事業推進本部の発足にともない、本部長に就任。中小企業支援、ベンチャー育成、ビジネスマッチングなど、ビジネスソリューション事業の立ち上げを担当。2005年、代表取締役就任。

芝浦工業大学非常勤講師、拓殖大学客員教授を歴任。矢野経済信息諮詢（上海）有限公司董事長、一般社団法人中野区産業振興推進機構理事。論文などの寄稿、講演実績も多数。

株式会社 矢野経済研究所

1958年、矢野雅雄により創業。「調査能力をもって日本の産業に参画にする」を経営理念に、国内外でリサーチ活動を展開する日本を代表する独立系市場調査機関。

ファッション、サービス、食品、医療、IT、自動車、先端素材、環境エネルギーなど、主要産業のすべてに専門の研究員を配置。年間250タイトルの調査レポートを発刊するとともに、600件を超えるコンサルティングプロジェクトを実施する。フィールド調査に軸足を置いた現場本位のマーケティング情報は、産業界から高い信任を得ている。

東京、名古屋、大阪のほか、ソウル、上海、台北に事業所をもち、近年はアジアグローバル市場におけるリサーチ＆ソリューション活動を強化している。

統計思考入門　プロの分析スキルで「ひらめき」をつかむ

2014年4月14日　第1刷発行

著　者　水越 孝
発行者　長坂嘉昭
発行所　株式会社プレジデント社
102-8641
東京都千代田区平河町2-16-1平河町森タワー
http://www.president.co.jp/
電話　編集03-3237-3233　販売03-3237-3731
編　集　大内祐子　ことぶき社
図　版　山本真琴（design.m）
装　幀　坂川栄治+坂川朱音（坂川事務所）
印刷・製本　中央精版印刷株式会社

ISBN978-4-8334-5064-5　Printed in Japan